本学术专著获江西理工大学优秀学术著作出版基金资助

赣南体育文化历史研究

欧阳斌　周石其　著

北　京
冶　金　工　业　出　版　社
2018

内容提要

本书从宋城体育文化的起源、发展历程入手，分别对赣南体育文化的概念、特征、功能、类型及研究赣南体育文化的意义做了深入阐释，同时剖析了客家民俗体育文化中的道德观、蒋经国赣南时期的体育思想、中央苏区赤色体育以及现代体育审美教育视角下大学生核心价值观培育。

本书可供体育、历史相关专业高校师生及体育文化爱好者阅读。

图书在版编目(CIP)数据

赣南体育文化历史研究/欧阳斌，周石其著. —北京：冶金工业出版社，2018.7

ISBN 978-7-5024-7842-1

Ⅰ.①赣… Ⅱ.①欧… ②周… Ⅲ.①民族形式体育—体育文化—研究—江西 Ⅳ.①G852.9

中国版本图书馆 CIP 数据核字(2018)第 147780 号

出 版 人 谭学余

地　　址 北京市东城区嵩祝院北巷 39 号 邮编 100009 电话 (010)64027926

网　　址 www.cnmip.com.cn 电子信箱 yjcbs@cnmip.com.cn

责任编辑 曾 媛 美术编辑 吕欣童 版式设计 孙跃红

责任校对 石 静 责任印制 牛晓波

ISBN 978-7-5024-7842-1

冶金工业出版社出版发行；各地新华书店经销；北京虎彩文化传播有限公司印刷

2018 年 7 月第 1 版，2018 年 7 月第 1 次印刷

169mm×239mm；10.25 印张；200 千字；155 页

68.00 元

冶金工业出版社 投稿电话 (010)64027932 投稿信箱 tougao@cnmip.com.cn

冶金工业出版社营销中心 电话 (010)64044283 传真 (010)64027893

冶金书店 地址 北京市东四西大街 46 号(100010) 电话 (010)65289081(兼传真)

冶金工业出版社天猫旗舰店 yjgycbs.tmall.com

序

有人的地方，就有体育。在人类进化过程中，奔跑、攀爬、投掷、跳跃的身影里都有她的基因，在文明发展进程中，祭祀、民俗、庆典、宴乐的历代传承中不时涌动着她的血液，产业革命、资本扩张、信息化、产业化、现代化都活跃着她的身影。在当今时代，和平与发展的主题也离不开她。体育文化就是这样一种无时不在、无所不在的文化，一种实实在在存在并对人类产生了并将产生更大影响的文化。

江西赣州，素有“江南宋城”之称号，地处江西南部，位于赣江上游，与闽粤湘三省交界，东以武夷山脉为阻，西以罗霄山系为障，南凭巍峨的南岭，北有云岭，地势周高中低，是客家先民南迁最早的集散地和当今客家人最大的聚居地，是客家文化重要发祥地之一。古时由于交通不便，与外界交流少，赣南成为一个相对封闭的地理单元，在长期的生产生活中逐渐形成了独具特色的体育文化，创造了如九狮拜象、竹篙火龙、罗汉舞、傩戏、桥帮灯、子孙龙、舞春牛、鲤鱼灯、抢打轿、孔明灯、烧瓦塔等赣南独有的体育文化项目，并以其古朴和充满浓郁的乡土气息为世人瞩目。

赣南体育文化依靠根底深厚的客家文化，保持自身的特色，为众人所接受。本书作者在赣南生活、工作了几十年，赣南的气候、环境、文化以及赣南客家人的淳朴热情是之熟悉的，也为之所热爱。在这几十年中，本书作者见证了赣南的变迁，也目睹了许多古文化在时过境迁中淡化，深深地感到，赣南体育文化作为我国民族文化的一个重要组成部分，保护和推广是赣南每一个人的责任。身为教师，他们更觉得有责任向大家介绍赣南文化，传播赣南文化，其中当然包括赣南体育文化。

随着网络、信息时代的到来，当今社会飞速发展，人们的生活节奏也极其快。如今无论在农村还是城镇，基本看不到给作者孩提时代带来无数乐趣的打石子、跳皮筋、踢房子等游戏，人们现在的娱乐大都沉浸在微信、网络游戏等电子类产品中。而源于普通百姓的日常生活、生产劳动的赣南体育活动不仅可以强身健体，还可以愉悦身心，同时可称得上是生态体育。

多年来，本书作者致力于中央苏区体育文化、赣南体育文化和高校体育教育，出版过体育文化方面的著作，发表了许多相关方面的学术论文。在本书中，作者结合自身兴趣和研究方向，选择了宋城体育文化、客家民俗体育文化中的道德观研究、蒋经国赣南时期体育思想之研究、中央苏区赤色体育及其当代价值研究、现代体育审美教育视角下大学生核心价值观培育研究等方面进行了研究。做好文化的传播者，做好体育文化的传承者，希望更多的青年朋友加入到赣南体育文化研究的行列，将赣南体育文化传承好、保护好、发展好。

杨斌

2018 年 3 月

目　　录

是黄巢起义造成的第二次大迁徙及北宋末由“靖康之难”带来的第三次大迁徙时到达的北方人流。今天许多学者都认同客家民系的形成是一个相对漫长的历史过程，它始于秦始皇帝挥师南下统一六国时期，历经西晋、六朝、隋、唐和五代十国时期，至北宋、南宋中完颜南侵结束而最后完成。客家人南迁始于福建，孕育于赣南，因此赣南被誉为客家人的发源地。

客家人第一次迁入赣南是在西晋时期，关于这次南迁时间和原因，史书有许多记载描述。谢万陆在《千年风流》写到，迁徙的原因是西晋政权湮灭，迁徙的对象是北方“五胡十六国”的建立而失势的世家大族及收其荫附的门人、亲戚、百姓。[①] 西周时期，我国开始实行分封制，由皇权世袭扩大到地方政权的家族化，家族意识逐渐得到强化，延续到两汉，并形成了一个特殊的阶层——世家大族或说衣冠世家。西晋时期，阶层发展达到顶峰，出现了“上品无寒门，下品无世家”的垄断形势。据记载，这一次客家人迫于恐慌而南迁的官员们，肩负着某种护驾的使命，而百姓被迫的无奈随行，并且是盲目性的。

第二次迁徙，他们身份有了发生的变化。唐末（公元九世纪末）黄巢起义，我国历史上出现第二次大移民时，除了一小部分来到石壁外，大部分流入赣南北境之兴国、宁都和石城等。首先因为在这里赣江与山之相连和住居相错。从文化层面上可以归属为同一个地域，所以说石壁同样是客家的摇篮，如此说来客家人孕育于赣南，主要代表地区有石城、宁都、瑞金、兴国、于都和会昌等地区。其次，他们自身素质不同。从小受过良好的教育，一般都有高文化素质，但是他们只是手握官职，却并没有实际能力。随着父辈迁徙南下，他们的地位、身份再次变化，同时导致他们的后代不得不重新适应新的环境、新的习俗，对他们来说，肉体和灵魂都重新塑造。

第三次迁徙，大多数自以鄱阳湖为中心的长江中下游，其标志地是筷子巷。筷子巷在今天九江市湖口县境，抚河、信江或循武夷山西麓使道进入宁都、石城、瑞金、会昌、于都等地区。他们聚集赣南主要在于优越的地理优势和环境，还享受于赣南地区为其提供稳定而平静的生活，很快他们在这里开垦发展。

丘恒兴在《客家人与客家文化》中提到，关于客家人第四次迁徙是在南宋末年。当兴起于北方草原蒙古铁骑席卷而来时，怯懦无能的南宋皇帝仓皇逃往福建、广东和赣南一带。[①]元朝初期，在元朝统治者的压制下，客家人聚集区减少，经济、文化遭受制约和摧残。在明代之后，闽粤赣交界处的客家人的经济得到发展，人口也增加，导致出现人多地少的发展趋势，这也就是客家人南迁的重要因素。

---

① 谢万陆．千年风流［M］．北京：作家出版社，2001.

四、赣南文化与客家文化的融合

赣南是赣江的发源地，幅源三万九千多平方公里，在这块较我国台湾地区面积略大的版图上，无论你走到哪里，你都能听到熟悉的客家话，乡音随亲飘。这乡音在欢送亲情的同时，也递上一张光鲜的文化名片。赣南的方言略有细微的差异，然而这些与闽西、粤东可以彼此交流的话，分明在这张文化名片上打上了共同的印记。客家人是一个让人感到多么亲切多么自豪的称呼，在中华大家庭的主体民族汉族的八大民系当中，这是一个多么特例而多情的民系。在中国风起云涌的近现代史上群星闪耀，这是一个多么值得让世界为之久久瞩目的民系。

如果说我们要认识民系的话，首先必须注意，民系一定是民族内部在民族共性覆盖下的具有相对差异的方言、习俗、文化心理的人类群团。“逢山必有客，有客必住山”，客家民系是汉族八大民系当中唯一不以名域来著称的民系，但是却是一个人数最多、分布最广的民系。据不完全统计，今天海内外客家人接近八千万，其中国内就有六千多万，分布于广东、江西、福建、广西、四川、河南、湖南和中国台湾、香港等地。海外有一千多客家人分布在东南亚和地区和美国等十八个国家和地区。赣南、闽西和粤东北是客家人主要聚居地，赣南七十多万人口中百分之九十以上是客家人。

追根寻源，我们发现众多客家的根源就像门牌号一样昭然告诉人们他们的根在中原。中原，黄河中下游两岸的皇天后土是中华民族的摇篮，中华文明的发祥地，文明之火就是的从这里燃亮泱泱华夏，而客家人正是中原汉民经过千年万里的大规模迁徙后，在南方山区所形成的一个新的民系。中原的根是怎么沿传到南方、传到赣南这片红土地上的呢?

正是在赣南这片具有兼容性的土地上，吸收了客家人和其他民系的入迁，不仅体现在对人员居住的包容，同时也体现在文化上的兼容，包括体育文化的兼容，从而有利于促进赣南文化的发展，形成了具有赣南特色的文化。

第二节　赣南文化的形成

一方水土养一方人，一方人有一方文化，有人的地方就有文化。这里我们所说的赣南文化就要从客家文化说起，客家人大量南迁赣南，为赣南的开发注入了新鲜文化血液。客家人入迁赣南的同时也带着原来特定的文化，逐渐与赣南文化结合形成了赣南地区所特有的客家文化。

一、赣南客家人农业文化

粗放式的生产生活方式是赣虞人后裔在客家人南迁之前主要的生产生活方

式，由于客家人的南迁，这种不断沿袭的生产方式逐渐受到客家人生产方式的影响，农耕生产方式也影响着赣虞人的生产生活，并代代相传。客家人南迁先是引进了中州灌溉技术，改变了赣虞人“伺有雨候”的思想；改善了农业生产条件，例如，通过筑塘、修陂、造田等活动达到改善农业生产条件的目的，梯田也由此成形。又改撒种为有序的播雨秧、栽苗等。利用当地的气候条件，变一年一季为一年两季，产量得到极大的提高。

通过考证，在唐代便出现了梯田，但“梯田”这一正式名称却出现在宋代。究其渊源，原是宋时范成大到袁州（今江西宜春市）时，曾称“出庙30里至仰山腹，乔松之蹬甚危，岭板上皆禾田，层层而上至顶，名梯田。”“畲田”便由此成了“梯田”，这也是耕作史上的一场重大的革命。虽然，这种耕作方法在今天已显得落后，但在科技不发达的宋代却起了重要的作用。梯田耕作在提高了产量的同时也推广了水稻种植，也正因为如此，才能在长期的封建小农经济发展历程中深深扎根。即便在科技迅速发达的今天，广大丘陵地区仍以“梯山为田”，耕作生活。城市化的程度和第三产业的人口比例在世界文明进入第三千年世纪元的进程中被视为一个国家现代化程度的主要标志，但农业发展水平在人类跨入第二个千年时决定了一个国家和民族社会文明的进步程度。那时，如何解决温饱是人们面临的首要问题，蛮荒的赣南却成为了国家的粮仓，把大量的粮食运至京都这样的人口稠密之地和全国其他缺粮地区，成为大量饥馑者生的希望之所在。

赣南的梯田述说了赣南精神，映射了赣南人的劳动生活，体现了赣南人在改造大自然过程中的智慧。赣南地区丘陵多，登山瞭望，是丘丘梯田，排排均布，呈现出万千气象。可是，星光灿烂的背后却是千辛万苦，只有亲身经历和体会才能理解其中的艰辛过程，能绘制成这般现实版的蓝图，那得付出多少心血啊！山丘成梯田，画面固然美，但等到灌溉施肥的时候，只能手提肩挑一步步走上山之为梯的田，可想而知这工作的不易和难度。翻地种田靠的是人力用锄头一块一块地挖出来，翻一块地所用的时间和难度就相当于开垦一片荒地。

一千五百年的赣南梯田在赣南得到的发展，这种耕作技术是由中原汉人南迁流传并得到应用发展的。中原客家汉人南迁之前，赣虞人后裔主要采用的技术“刀耕火种”。自从中原汉人南迁后，他们把中原耕作技术与当地的技术相结合以后形成了成熟的科学技术，并被广泛使用。即在丘坡上修建台阶型用于接水灌溉，同时具有防止水土流失的作用，因其适用于丘陵山地而被广泛利用流传下来，这种技术为保证赣南在唐宋乃至近现代均能稳产、高产确实起了很大作用，而且在产粮的同时，它又培养了人们勤耕苦种吃苦耐劳的精神。

二、特色民间艺术

（一）采茶戏

赣南采茶戏被田汉誉为“中国戏曲百花园中的一朵奇葩”，也是江西采茶戏中最有代表性的一种。它是在当地民间灯彩和采茶歌舞的基础上形成的，俗称“灯子戏”“茶篮戏”，其产生和流传的历史悠久。据说，唐朝是采茶戏萌芽时期，到了清代中叶在赣南流行。赣南采茶戏具有贴近生活的戏剧内容，它带有幽默风趣的喜剧风格、短小精悍的“三角班”体制，运用矮子步、扇子花、单袖筒及模仿动物形象的表演艺术，在表演动物形象的动作上展现得栩栩如生，熟练得轻巧活泼；配以优美抒情的民歌体音乐和勾筒正反弦与民间锣鼓的伴奏形式，加上头戴一把罗帽、身穿三花衣、腰系白堂裙、腿穿灯笼裤的独特服饰，构成了赣南采茶戏浓郁的乡土气息和鲜明的地方风格，备受赣南客家人民喜爱。唱腔曲调分灯腔、茶腔、路调、杂调四类，以茶腔为主，弦乐伴奏。剧目多为丑旦合演的民间生活小戏，如《挖笋》《拣田螺》《巧要香龙》等。采茶戏作为茶文化的一种，它的形成经历了“采茶歌”“采茶灯”“采茶戏”三个阶段，即民女的茶园歌唱到节日的采茶灯再到最后舞台上的采茶戏，为中华民族的茶文化奠定了深厚的基础。其形成原因有：（1）放松身心的需要，快乐劳作的需要。赣南采茶戏发源于民间，在那个耕种的时代，百姓们常年从事农业劳作，十分辛苦，身心疲倦，为了农业劳作的过程中增加乐趣，放松身心，所以他们需要创造一种歌戏来调剂枯燥的农业劳作生活。（2）劳动人民生活的写照。赣南采茶戏与百姓生活十分贴切，一切都围绕着百姓生活为主题，形式上具有当地百姓的民俗风格，内容上是百姓的生活写照，与京剧不同的是它不是反映帝王将相和才子佳人的生活，它是带有浓厚的生活气息和劳动人民的精神。（3）对劳动表达了内心情感的需要。自古至今，百姓的喜剧娱乐活动等是具有体现他们辛勤的劳作情感，对生活的另一种向往；同时也是他们辛勤劳作之余对自己的一种犒劳。娱乐喜剧对身心有着放松的作用，他们用歌声、戏剧和体育活动等将他们的内心世界表达得淋漓尽致。

赣南采茶戏的舞蹈形态组合有三大部分：一是丑中见美的矮子步；二是风韵独特的单袖筒；三是优美动人的扇子花。赣南采茶戏到清代中期，开始受到地方官府的歧视和打击逐渐衰退。1949 年以后发掘民间优秀传统文化，赣南采茶戏又重新得到光大成为江西的两大地方剧种之一。《试妻》获 1992 年文化部艺术局全国戏剧小品比赛二等奖；大型赣南采茶戏《山歌情》1994 年获文化部第四届文华大奖，中宣部“五个一”工程奖。赣南采茶戏已经成为赣南客家最有特色的地方剧种。赣南客家人有饮茶的习惯，贵客登门，好茶招待，喜庆之日，主妇会擂出配料丰富的茶菜；家人生病，以药如茶饮，熬出对症治病的药茶。可见，客家人的饮茶文化丰富多彩，这里介绍独特的赣南擂茶。在赣南农村广泛流传着一种古老的饮茶方式——擂茶。顾名思义，擂茶必须先擂茶叶。擂钵是碗状的陶器，内壁布满网状的沟纹，擂槌或者说是擂棍，多用山药制成。擂茶清香可口，人称“一家煮茶百家香”。同时，擂茶止渴生津，健胃提神，疏肝理肺，偶受风寒，喝上两碗热茶，发发汗，也能把感冒治好，擂茶还可以配米果当作早餐和午餐之间的牙祭。

（二）赣南的戏剧、民歌和曲艺

赣南客家山歌是江西山歌中最为有名的。客家人爱唱山歌，凡有客家人聚居的地方，就有客家山歌，客家人称唱山歌为“打”山歌。他们在山野田间，老少同唱，世代相传，历久不衰。特别是兴国山歌，早在唐末就已产生并达到很高的艺术水平，被认为是“中国客家山歌之祖”，其音调既高且长，回荡山谷，意在引人注意。山歌朴素高亢，激情动人，旋律和谐，擅长叙事。兴国也成为闻名遐迩的“山歌之乡”，至今兴国县每年都有举行山歌擂台赛的传统。由于赣南地处山区，为让歌声传得远、听得清，山歌一般音调高扬，声音绵长。其最高音往往在第一句中就出现，起到先声夺人或呼唤的艺术效果，然后逐渐下行至主音结束。在修辞手法上，双关、对偶、歇后、排比、顶针、反复重叠等各种修辞手法都有应用。在唱法上，有假嗓、本嗓和细嗓三种。假嗓，包括真假嗓结合唱，主要用于高腔山歌；本嗓，为常见类型，它润腔复杂多变，擅长即兴编词对歌；细嗓，多为妇女单独自吟自唱，音量小，音调宁静细腻，委婉动听。在句法结构上，主要有二句体和四句体。

明清以来，赣南流行着不少土生土长丰富多彩的戏剧曲艺等艺术。有赣南采茶戏、宁都采茶戏、东河戏、赣州南北词、兴国南北词、于都道情等，其中东河戏是赣南古老剧种之一。东河戏，是诞生于赣南的古老剧种之一，因发源于赣南贡江流域故称“东河戏”。明代嘉靖年间，在赣县与兴国交界的田村、白鹭等地流行一种以高腔曲牌清唱故事的坐堂班，坐堂班又在民间庙会游神，“扮故事”形式上发展到以高腔大本戏为主的舞台演唱，形成东河戏雏形。东河戏的角色分为九角头制，即老生、正生、小生、老旦、花旦、大花、二花、三花九行。传统剧目在1950年以前保存有一千余种。代表剧目有《雷峰塔》《挽发记》《玉簪记》《扫秦》《六国分相——刺股记》等。中央苏区时，还改编了不少东河剧现代革命剧目，如《活捉张辉赞》《送郎参军》等，影响很大，风靡一时。

赣南的民歌和曲艺也同样透散出浓郁的乡土气息。民歌高亢刚健，朴实无华，有山歌、灯歌、风俗歌、小调、号子、儿歌等。赣南民歌大体可分为三个地域特点：一是南部的“三南”，即龙南、定南、全南三县及东北部的寻乌、兴国，地理上与广东部分地区接壤，语言相近；二是处于赣南东北边区的瑞金、石城、宁都三市（县），部分地域与福建交界，但中隔大山，语言差异相对较大，此区域的灯歌较著名，山歌受赣中影响较大；三是赣南中部的赣县、南康、信丰、于都等县市，由于靠近大江大河，船号、木排号子很流行，语言也较平和。赣南山歌的旋律起点音较高，然后大多来个高音拖腔，音调下行至主音结束。兴国山歌是诸县山歌中，旋律最美、最具特色的山歌，以即兴行腔为法。赣南小调很多，大体可分本地和外地小调两种。本地小调以交情歌为代表，还有叫花歌的“莲花落”等。赣南风俗歌有年歌、婚礼歌、丧歌等。此外还流行道教音乐，以及有海青、碗花、上告等。灯彩是赣南民间古老的传统歌舞，有龙灯、鲤鱼灯、摆字灯、高灯、狮子灯、云灯、茶篮灯等近 20 种。大多用锣、唢呐、鼓伴奏，载歌载舞非常热闹，灯歌则是在灯彩表演中演唱的小调音乐，常见的有斑鸠调、进坑歌等。花灯又有耕田花鼓与灶背花鼓，还有进门歌和出门歌等趣味盎然。

（三）工艺美术

剪纸与纸扎艺术在赣南古代就广泛流行于民间的各种喜庆、娱乐活动中，起着寓意和装饰作用。剪纸艺术用一把剪刀便可剪出许多生动、朴实的画面，常见的有“五谷丰登”“三星高照”“八仙过海”“岁寒三友”“喜上眉梢”等，衣裳、肚兜、鞋、帽上的刺绣也都是先剪纸样，摹到布上再刺绣的。纸扎艺术在民间更为盛行，以竹为骨扎好架子，面上贴彩纸、布、绢和剪好的图样。纸扎多是龙灯、动物、花卉、人物、彩船等，在春节、喜庆、庙会、宗族活动中广泛流行。旧时仅宁都县城就有纸扎店铺 100 多家。赣县田村老艺人刘盛涵家传的花灯、人物纸扎艺术十分精湛，1995 年 6 月获联合国教科文组织和中国民间文艺家协会联合授予的“民间工艺美术家”称号。

雕刻艺术，在赣南主要有木雕和石雕。木雕以赣州、龙南、赣县艺人较多，善雕花板，广泛用于家具、建筑之中。许多通雕、浮雕多在牌坊、民居祠堂、庙宇建筑中应用，既是一件艺术品，又可充当实用构件，如鳌鱼、卷草雀替和雕刻的隔架、斗拱、翼拱、窗门格扇等。石雕以兴国、赣县艺人为多，兴国盛产质地细腻的红石，赣南及赣中许多地方的大型石雕有不少是兴国红石，如乐安县流坑的一对大石狮均出于兴国。花岗岩也是赣南盛产的石材，多用于建筑和大型石雕。如宁都、南康、石城的一些牌坊、桥的栏板、望柱和门楼、柱础、石狮等。

（四）早期赣南教育

教育自古以来都是国家重点建设的项目，是国家培养人才的主要事业。科举制度作为我国古代官吏的选拔制度，从隋炀帝开始实施到光绪帝废止，整整延续 1300 年。这期间，选拔出约十万进士，百万举人，成为历代官吏的基本队伍。其中赣南进士 550 名，举人 3000 多人。

科举制度的基础主要包括家庭内在的家庭教育，因为科考结果并非一人的事，而是关联到家庭、家乡和社会等。教育自古以来多以三种形式存在，即公办、民办和私办，且一般公办都在民办和私办后，而赣南教育却恰恰相反。《千年风流》记载，赣南最早创办的官学是开设于后梁太祖开平三年（公元908年）的会昌县学；其次，是设于石城县城北太极观左侧（今石城中学境内）的石城县学，时在南唐保大十一年（953年）；再次，是与县政府时诞生的地区一级的府学，则南安府学早于赣州府学，南安创立于北军淳化年间（公元990—994年），赣州则共有县、学府14所，各县至少已有县学一所。

赣南古有“章贡四曾”与“西江四戴”主要原因就是在宋代时有严格的家庭教育，并且在科考上金榜题名。“章贡四曾”指的是北宋赣县梅村曾准父子。曾准的发迹靠自己刻苦自励以及当时的天时地利人和，而他儿子的成才是基于严格的家庭教育。“西江四戴”指另一典型赣南客家先贤，成才的原因同样是重视家庭教育，严格要求子弟好学上进。

三、赣南文物名胜

（一）围屋

中国传统民居有四合院、窑洞、竹楼和蒙古包等，着重体现各地区之间有各自的建筑文化特点。然而，客家传统民居也是别具一格，具有其独特性，在世界建筑史上堪称一绝。江西赣南的客家围屋被称为“土围子”，主要背靠青山，面临江河，独立围体。即围起来的房屋，其外墙既是围屋的承重外墙，也是整座围屋的防卫围墙。赣南围屋产生于明末清初，构成了奇异的客家民居人文景观，主要分布在龙南、定南、全南以及信丰、安远、寻乌。从结构上看，围屋可分“口”和“国”两大类，其形式多是方围，部分有圆形、半圆形和不规则形的。赣南的客家围屋多为方形，与闽西圆形的土楼和粤东内方外圆的围龙屋呈现出不同的风格。围屋四角构筑有坚固的碉堡楼，外墙坚实封闭，墙上还设置了一排排对外射击的墙孔，整个外形森严、雄伟。龙南县的围屋有370多座，形状各异，其中“方围屋”建筑数量之多、规模之大、风格之全、保存完好，均属全国之最。安远的东生围屋更是套围的典型，有内围和外围之分。赣南客家围屋是客家人在农业文明基础之上，历经艰辛、长途迁徙，为适应自然和社会而创造出来的。赣南客家人以顽强的毅力、艰辛的劳动、乐观的精神建设了自己独特的生活家园。围屋是赣南客家文化的重要物化载体，它充分体现了客家人的高超建筑艺术，是赣南客家物质文明和精神文明的珍贵遗产。据考证，赣南客家人的围屋是公元三世纪东汉中后期中原地区大庄园主的典型住宅形式，中原土民南迁时，把这种建筑形式和技术传到客家地区的。因而，人称赣南围屋是汉代“坞堡”的活化石。赣南围屋坚固异常，围墙主要有麻石、鹅卵石、青砖和糯米浆构筑而成的，墙体厚约两米多，围屋内设有粮食仓、水井和排污设施，结构封闭，预防性能强。据称，围屋主要以防御敌人为主而构建其形。

围屋主要分布在“三南”（定南、全南、龙南），以及寻乌、安远、信丰的南部，其中以龙南县最为集中，其他呈零星分布。据万幼楠先生调查研究，龙南全县现有围屋200座以上，有些山谷村庄，往往一个自然村便有七八座围屋。形制上，除大量方形围屋外，还有半圆形的围龙屋式围屋、近圆形围屋，以及八卦形和不规则的村围；结构上，既有三合土和鹅卵石构筑的，也有青砖、条石垒砌的；体量上，既有赣南最大的围屋关西新围，也有最小的围屋里仁白围。定南县几乎各乡镇均有围屋，但较零散，精品少，多用生土夯筑墙体，故屋顶形式也多为悬山，此为别县所少见。全南县围屋基本上采用鹅卵石垒砌墙体，为了争取到多一层的射击高度，大部分围屋顶上四周砌有女儿墙和射击孔，以便必要时上屋顶进行殊死抵抗。安远县围屋主要分布在以镇岗、孔田为中心的南部各乡镇，现存100余座。信丰县围屋较残破，今多存见于小江乡。寻乌县属珠江水系，受粤东文化影响，这里南部乡镇多是正面两隅设炮楼的围龙屋式围屋，以上各县围屋，总数估计在600座以上。①

（二）文物名胜

赣州是一座历史文化名城，从东门到西门的宋代古城墙，沿江而筑，蜿蜒三千六百多米，历尽宋、元、明、清、民国多代，垛墙、炮城、马面、城门保存依旧，宋城的雄姿依旧，古韵犹存，被专家们誉为“宋城博物馆”。据专家介绍，赣州城东西环绕的宋代砖城墙长3664米，比西安的明代城墙、北京的故宫城墙早了几百年。古城墙的护城河、墙垛、城楼、马面和炮城等古代设施齐全，保存了宋代以来数以万计、共521种的纪事或纪名铭文城砖，是国家文物古迹的孤品。

赣州宋城历史地位的成功构筑原因有两个：一是孔子四十六代孙孔宗翰在已改为砖石的城墙基础上再冶铁浇铸，并于东北隅城墙上建八境台，构筑了赣州最辉煌的城市篇章；二是苏东坡依孔宗翰的虔州图作《虔州八境图八首并序》，极大地传扬了赣州的名声，并因此在中国旅游文化史上营造了一大创举，虔州“八境”文化从此影响到赣南、全国乃至海外的日本，并纷纷效仿。而在北宋嘉祐年间（1056—1063年），州守刘彝创建了城内排水系统福寿沟，至今仍发挥着巨大作用，另几任州守也在任上先后修建了西河、东河和南河浮桥，为完善赣州城市体系做出了巨大贡献。赣州市名胜古迹甚多：堪称江西石窟艺术宝库的通天岩建造于唐朝末年，是华东地区最大的石窟寺，1989年被列为全国重点文物保护单

---

① 丘恒兴．客家人与客家文化［M］．北京：商务印书馆，2011.

位。耸立在章贡两江合流处的胜景三层八境台始建于北宋，飞檐斗拱，画梁朱柱，雄伟挺拔，巍然壮观。南宋著名词人辛弃疾的千古绝唱《菩萨蛮》使赣州名闻遐迩："郁孤台下清江水，中间多少行人泪……"。一处处古迹，一座座名胜，如巍峨的慈云塔，形若游龙的古浮桥，规模宏大的七里镇古瓷窑，全省首屈一指的文庙，苏阳长谈的夜话亭，客家风情浓郁的民居建筑群，把赣州装点得绚丽璀璨。赣州市有古建筑多达300余处，古墓群10处，古遗址10处，古石龛摩崖石刻5处，革命遗址5处，名胜16处，这些都是旅游观光的好去处。

1. 通天岩

以通天岩石窟为代表的石窟寺艺术是赣南古代客家文化的一颗璀璨明珠。通天岩石窟为全国重点文物保护单位，位于赣州市西郊10公里，开创于唐末宋初时期。是江南现存最大的古代石窟，内有翠微岩、通天岩、同心岩、龙虎岩、忘归岩、观心岩6个洞窟，共有石刻造像359尊，石龛279座及宋以来的题刻128品，造像均为佛像菩萨、比例准确、气韵脱俗，以通天岩窟中的数龛造像最为出色，是唐末北宋初期的精品。最早者为北宋熙宁六年（1073年）题刻，以明代王阳明和唐邦佐书法最佳。北宋绍圣年间，苏东坡游通天岩访赣州著名隐士阳孝本。二人一见如故，促膝谈心，携游赣城成为佳话，后代文人骚客不继"后坡公至"提留诗话于通天岩。

2. 罗田岩

罗田岩位于于都县南郊2.5公里，南朝时即有建寺，在罗田岩的悬崖峭壁上刻有唐以来的百余首题刻，可以辨认的尚有20多条，其中年代最早的要算北宋嘉祐八年（1063年）周敦颐《游罗田岩》的七言绝句，还有南宋岳飞、文天祥、明代王阳明等名人的题刻。此外龙南玉石岩、宁都翠微峰、石城五龙岩、兴国大乌山、会昌汉仙岩、赣州马祖岩、龙潭等地均分布有宋、元、明时期的许多摩崖石刻，当中不乏有文天祥、王阳明等名人手迹。然而赣南最早的题刻却当数上犹双溪乡石门溪旁的一方西普题刻小诗。最大的题刻则是崇义县思顺乡桶江村刻在一块高8米、宽14米巨石上183字的"茶寮碑"，记述了王阳明当年镇压崇义农民起义炫耀武功的"丰功伟绩"碑。

第三节 赣南体育文化

一、赣南客家体育文化源远流长

赣南是客家民系中最早的聚居地。这一正确结论，由许多客家研究学者早已论定，如赖启华主编的《早期客家摇篮——宁都》和刘思庭主编的《石壁与客家》，足够说明赣南是客家人的发祥祖地。由此可以推断，赣南的客家体育文化具有典型性和代表性。也就是说，客家体育文化的原汁原味在赣南完全可以品尝到，客家体育文化的根就在赣南。赣南位于武夷山脉的中段，这里群山峻岭，交通不便。客家先辈处于一种相对与世隔绝的状态之中。经过千百年繁衍生息，客家民系遂在这些特定的社会环境与自然环境中演化与发展，形成了客家人特有民风、民俗，如客家文化教育、客家宗教信仰、客家生活习惯等，同时也形成了自己特有的客家体育。

中央革命根据地（简称“中央苏区”）是中国土地革命战争时期由毛泽东、朱德等同志创建的全国最大的革命根据地。它的斗争历史，在中国共产党和中国革命历史中占有十分重要的地位。当时以瑞金为中心，包括赣南 11 座县城，即赣南的瑞金、兴国、宁都、于都、安远、寻乌、会昌、石城、永丰、广昌、黎川，闽西的长汀、宁化、清流、归化、建宁、泰宁、上杭、龙岩、永定、连城等。这些县城都是客家人的聚集地，46%以上均为客家人。也就是说，中央苏区区域是客家人居住的大本营，客家体育与苏区体育休戚相关，本为一体。

客家风俗孕育着客家体育，客家体育滋润与丰富了苏区体育文化，它为苏区体育文化的发展做出了积极贡献。近半个多世纪以来，客家学的中外学者研究较多的是有关客家的历史文化、宗教、礼仪、教育、文艺、围屋、山歌、祠堂风情等，可谓成果累累。但是，有关客家的体育文化研究甚少，几乎未见到。

（一）生产劳动

同其他文化一样，客家体育文化也源于生产劳动，并为生产劳动服务。古代客家人居住的赣南闽西地区人烟稀少、林菁深密、蛇蟒横行、瘴气缠绕，求生极为不易。客家人为了生存所从事的生产活动，就必须以跑、跳、投掷、攀登、游泳等身体活动为基础，涉及采集、耕种、狩猎等多项内容。如客家的九狮拜象、龙灯舞、采茶戏等劳动舞蹈都大量的保留了古代客家人生产活动的特征，可见生产劳动的需要是客家体育运动的基础和基本内容。

（二）军事活动

中国近现代史上有两次波澜壮阔的革命运动——太平天国运动和中国新民主主义革命。人们又称太平天国革命是一次客家人的革命运动。第二次的中央苏区革命斗争也可以说是一次以客家人为主体的革命斗争，这次革命写下中华人民共和国的初创阶段，留下了一大批以瑞金、兴国、于都、宁都、信丰为中心的革命斗争遗址。瑞金中央苏区革命遗址中有 15 处景点，如全国苏维埃代表大会会址、中国共产党苏区中央局旧址、红军烈士纪念塔、中华苏维埃共和国临时中央政府旧址、叶坪红军检阅台、中华苏维埃共和国中央革命军事委员会叶坪洋溪旧址、中华苏维埃共和国中央人民委员会旧址等，还有宁都起义指挥部旧址，皆为全国重点文物保护单位，也是客家人革命精神的见证。

谢万陆在《千年风流》写到，公元1506年，朱厚照继孝宗朱佑樘之位，改元正德，是为孝宗。由于朝廷取消丞相之位，一切大小事务都由皇帝一人揽在身上，其实都是被擅权的宦官操纵的，导致各地方的大小官吏勒索敲诈，欺负百姓，无恶不作。正德初年，赣粤湘三省连年遇灾，百姓生计本来就艰难，还遭官吏的欺压，因此，忍无可忍之际，德高望重的谢志山便与萧贵模等商讨反抗大计。谢万陆在《千年风流》记载，正德六年（公元1519年），在谢志山的带领下，起义军占领上犹、大余、南康、乐昌、龙泉（遂川）、赣县，纵横千里。①

次年，谢志山自称“南征王”，正式打起推翻明王朝的旗帜。不久，起义军攻下泰和、万安、永新和湖南桂阳（今汝城）、鄘县、宜章县。此时，王阳明从贵州龙场来入朝不久就得到兵部尚书王琼赏识，并在官军打败时向朝廷推荐王阳明，并于正德十一年（1516年）出任为南京右佥都御使，统领赣闽湘粤八府一州之官兵分十路合击谢志山大本营横水。正所谓新官上任三把火，王阳明雄心勃勃，一路进军赣南，并且他还由通天岩阐发心道，信众四方汇集而来，之后并成功建立起他的心学体系。

在1517年正月，王阳明亲率中路军南经赣南进屯至坪，破了横水。一来，谢志山屡屡派兵来犯官军，但由于农民缺乏训军系统训练，一次次以失败而告终，谢志山只能退守桶冈。正德十三年（1518年）王阳明改变强攻策略，采取攻心之计，使用分化互解的手段。这场战役，起义军将大部分英勇战死，谢志山也因伤被俘。

古代赣南闽西地区战争频仍，与严酷自然环境的生存斗争和各种各样的反压迫斗争，造就了客家人坚毅刚健的尚武精神和积极向上的体育意识，并融汇成为客家人的一种生命本能。如谢志山高举义旗，王阳明揭橥心学、毛泽东创建根据地，共和国雏形赣南和蒋经国主政赣南等军事活动。

抗战时期，以毛泽东带领的新四军在赣南一代的抗战事件为代表，也可以说新四军在赣南组织的军事活动对中国共产党的革命有着重要作用。早在1926年8月就有朱铿、陈赞贤和谢学琅等在赣南创建了中国共产党在赣南的第一个党支部——中共赣州支部。在此期间，红四军进军赣南并得到赣南人民群众的支持和拥护，但是刘士毅的军队紧追其后，毛泽东和朱德夫妇遇险，为了解围，朱德亲自率军杀开一条血路，只不过在逃的过程中，妻子腿部中弹，突围未脱被俘至长沙遇害。之后，毛泽东在寻乌再次遇难，幸得到当地革命百姓为他引路到福建武平。以致2月初，毛泽东亲率军折回会昌，于9日（大年除夕）到达瑞金大柏地。这场战争，红军以少胜多，出奇制胜，取得了具有历史性意义的胜利。

---

① 谢万陆．千年风流［M］．北京：作家出版社，2001.

因此，体育运动作为客家人增强体魄、提高生存能力、增强生活信心和抵御外辱的有效手段，已经成为了一种传统和自觉行为。今天，客家南派武术已广为流传，还有一些特色客家拳种仍在当地流传。

（三）宗教信仰

宗教信仰是人们对某种神圣的信仰，这种思想信仰贯穿于特定的宗教仪式和宗教活动，主要用于指导和规范自己在世俗社会的行为，属于一种特殊的社会意识形态和文化现象。同其他古代的民族一样，宗教信仰在赣南闽西客家人的生产生活中也占有着重要而特殊的地位，而与宗教信仰相关的一些祭祀礼俗，则反映着该地区客家人独特的生产、生活方式，记载着他们的历史、信仰，成为地域文化、民族文化的重要载体。虽然各种祭祀礼俗活动的形式在不断的发展演变，但是都留有其宗教信仰的印记。如今天客家人的花灯舞、灯艺、茶灯、船灯、踩马灯、舞龙、舞狮、跳海青、仙女洗镜等舞蹈和杂艺活动，无不体现了客家人通过简单的运动形式达到娱悦天地、告慰祖先神灵以及驱鬼降妖的目的。

（四）以嬉戏、娱乐为主导的体育项目

以嬉戏、娱乐为主导的客家传统体育项目是一种以闲暇消遣、健身娱乐为主要目的，而又有一定模式的客家传统体育活动。这些项目虽有一定的规则，但不严格，其嬉戏、娱乐的主旨不变。这类体育活动内容丰富、形式多种多样，分单人、双人和群体活动等，男女老少都会，尤其深受少年儿童的喜爱。游戏类有踢毽子、打陀螺、滚铁环、蛇孵蛋、骑竹马、打秋千、霸城、打铜钱、打纸块、打石子等；跑跳类有打野仗、捉摸（捉迷藏）、跳房子、跳绳、跳皮筋、跑风车、飞纸片、踩高跷、爬山等；投射类有打石头仗、打水漂、打沙包、射弹弓、弹珠子、飞镖等。

（五）以竞技健身为表现形式的体育项目

以竞赛体力、技巧、技能为主要内容的娱乐活动是村民为了增强自身的体格和技能而实施的一些自我训练。虽然游戏娱乐中包含着竞技形式，但是在竞技的过程中充满玩耍的乐趣，和现代竞技体育严格认真的比赛有着本质的不同。主要项目有竹绳拔河、禾秆拔河、扁担顶力、掰手腕、耍腰跤、斗鸡、举石担、秧歌、踩高跷、打拳、太极拳、气功、打条子（打棍）、武术等。例如举石担，历来是客家人喜爱的一项健身、练武活动，这项民间体育运动土生土长，不仅简便易行，而且场地、器材也易解决，是一项全身的运动，能锻炼人的臂力、腕力、抓力、握力以及腰部、腿部的力量。扁担顶力，只需一根扁担和一小块平地，茶余饭后、劳动间隙均可进行，是一种非常简单、方便而有趣的客家体育活动，扁

担顶力是力量和耐力的较量，更是运用智慧和技巧的抗争，这项活动既有对抗性又有娱乐观赏价值，深受客家村落男青年的喜爱。

（六）节庆祭祀仪式类

节庆祭祀类民俗体育是赣南客家人在节日、宗教信仰和祭祀等仪式的祖辈流传的体育文化遗产。祖先崇拜是赣南客家人视为一种保佑的信念，能保佑家庭、子孙后代，传统上大部分事情都寄托于神。因此，每逢佳节，赣南客家人都到祠堂祭祖，举行隆重的祭祀仪式，表达对祖先的敬仰、热爱和深深的怀念之情，求得祖先神灵的能够赐福和保佑平安，这就为赣南客家节庆体育提供了很好的活动平台。祖先是人们的创造者，很多体育活动都是对祖先崇拜的祭祀仪式逐渐形成的，同时也是从这里流传下去的。例如，“桥帮灯”是宁都曾坊村客家人元宵节祖先祭祀活动仪式上的一项重要内容；竹篙火龙是宁都洛口镇南岭客家祖人在每年中秋节的祭祀仪式活动期间，为纪念给他们去除瘟疫的“火龙神福主”而举行的一项隆重的禳神活动仪式，还有担灯、杠灯，章贡区的抢泡龙、鲤鱼龙，赣县的跳蚤龙、鲤鱼灯，信丰的子孙龙、蓆狮、犁狮，龙南全南的香火龙，定南安远的瑞狮，崇义的舞春牛等都是源于岁月时节，宗教信仰祭祀仪式的民俗体育文化。

二、赣南体育文化的基本特征

赣南体育文化是随着人们的劳动斗争以及与当地其他少数民族体育文化的交融而不断发展的，反映了赣南人政治、经济、军事、文化、宗教、风俗习惯的发展过程，最终形成了以宗族群体为本、以儒学伦理为中心，强调整体性、统一性和兼容并蓄的客家体育文化内涵。赣南体育文化主要有如下特点。

（一）兼容性

中国文化在其发展历程和演变过程中一直具有一定的兼容性。赣南体育文化是赣南文化的一个分支，都存在着“取其精华，弃其糟粕”的筛选功能，从而筛选优秀的文化元素与当地体育文化相结合，为赣南体育文化注入新元素，形成了具有赣南特色的体育文化。由于赣南客家大部分是由历史客家许多民系经过5次大迁徙的融入，不同的民系、不同的文化和不同地域，使赣南体育文化由多元素组成的，同时又有除了客家人之外的其他民系的融入，也带来不同的文化，历经的千百年的兼容和磨合，即延续的中原汉民和其他地区的文化又充分发展创新本土文化，形成了今天的赣南体育文化。例如，客家人迁徙入迁赣南，将“刀耕火种”的耕作方式传入赣南地区，为赣南地区农耕方面提供了便利。由“扭秧歌、踩高跷”等都多数是由北方带来的，马灯舞是浙江一带传入。而“舞龙舞狮”赣南客家节庆体育活动文化。同时既有中原汉族体育和当地民族运动融合的特色，又有北方人民普遍熟悉的运动形式，亦有当地少数民族宗教信仰和崇拜的内容。如客家武术在与北方汉族和当地少数民族的武术相互融合的过程中，逐步形成了讲究实用，注重快发劲、发短劲，步型小及跌打滚翻动作多等特点。今天赣南客家武术成为客家体育身体艺术中的一枝奇葩，也是我国传统民族体育文化的重要内容。这反映了客家人主动适应环境的性格特征和对各种文化兼收并蓄的包容心态，是客家人生命意识和生活智慧的集中表现。①

（二）地域性

赣南地区虽然大部分是纯客家人，但由于赣南人在赣南生活历史悠久，有着根深蒂固的民族风情，他们生活方式及生活习性在赣南地区深深烙下印记，无论体育活动还是饮食习惯，都具有一定的地域性。因而无论是客家人还是其他民系入迁赣南，都不能完全改变赣南原生态的文化及体育文化。赣南客家体育运动就带有极强的地域烙印。像九狮拜象、提灯、舞龙等都是其他地区没有的。即使是相同的体育项目，也有其自己的地方特色。赣南地理位置、环境、地势地貌、山河湖泊等方面的特点孕育了赣南具有独特的体育运动，像打水漂、打铜钱、捉瞎子、打野操等赣南客家体育运动项目都表现出了鲜明的地域文化特点。通过这些文化的透彻，人们总能给人感受到当地人独特的生产生活内容和赣南客家人积极向上的生活活力。

（三）浓厚的自然性

赣南多为山丘，自然环境恶劣，对人们生活是一个巨大的挑战。为了生存，人们采用最原始的防御猛兽的攻击。如跑、跳、掷、投等方式。这些防御行为活动渐渐地就成为了他们原始的体育活动项目。赣南客家体育运动是主要形式及历史记忆还保留着原生态社会的“刀耕火种”的农作手段，并且能与当地节庆仪式和体育活动衔接起来，这不仅体现客家人对环境的适应性和改造自然环境的结果，同时也体现中原文化与赣南土著民族文化相结合的成果，这种人类适应自然运动规律的能力不仅体现人们善于改造自然环境，同时也具有促进经济发展的作用，这和原始自然环境的复杂性和落后的社会经济状况有密切相关。

（四）多元的功能性

赣南体育运动功能的多样性，多方面促成赣南体育文化，使赣南体育文化呈现多元化。主要体现在以下几个方面：（1）具有大众化强身健体功能。进行体

---

① 张允蚌，张齐斌. 赣南闽西客家体育文化初探 [J]. 河北体育学院学报，2007，21（1）：35-36.

育竞技与娱乐结合的体育活动，人们在享受运动中竞技性的比拼外还享受娱乐性的欢乐；（2）娱乐欣赏功能。赣南体育活动具有民俗性、风俗文化深厚，在人们辛勤工作之余参与和欣赏体育活动的表演，能够促成“劳逸结合”的作用；（3）群众参与功能。赣南体育活动是少数民族的体育活动，是当地人生产劳动形成的一种民俗体育活动，所以具有很强的群众参与性和广泛的普及面，使人能很快模仿而参与其中。

第四节 目的与意义

赣南是一个文化历史悠久的地区，也是抗战时期重要的军事基地。从正德初年谢志山的领军起义，到近代时期毛泽东带领的新四军的一些战事，乃至今日，都在赣南这片神圣的土地上留下了优秀的文化遗产。同时，赣南也是一个多民系地区，西晋时期就开始有客家人因战乱而南迁，也存在其他民系的入迁，以致形成了文化多样性、生活多样性、房屋建筑多样性等，在一定程度上加深了赣南文化的发展，同时也因人口增多而使人们之间的矛盾日益激化。在文化方面上，产生了其他民系文化和赣南地区文化的冲击，并且赣南以具有兼容性使得不同文化上的结合，赣南文化不断变迁和改变，最终形成了具有赣南特色的文化。赣南大部分人口为客家人，受到客家文化影响较大，如围屋、宗教信仰和农耕方式等文化改变了赣南原始的文化。不仅单纯在文化上的影响，在体育文化上同样影响很大。如客家人的舞龙舞狮、踩马灯、打陀螺等民俗体育项目也深深对赣南体育文化产生了影响。也因为赣南自然环境的恶劣，客家人想要在赣南聚居，不得不面对环境的挑战，以具有民俗体育工作方式对环境进行改善，解决生存保障，这样就形成了赣南客家体育文化渊源。一定程度上对赣南文化、经济、教育及人口发展有着重要意义。

第二章　宋城体育文化

江西赣州，素有“江南宋城”之称，地处江西南部，位于赣江上游，与闽粤湘三省交界，东以武夷山脉为阻，西以罗霄山系为障，南凭巍峨的南岭，北有云岭，地势周高中低，是客家先民南迁最早的集散地和当今客家人最大的聚居地，是客家文化重要发祥地之一。古时由于交通不便，与外界交流少，赣南成为一个相对封闭的地理单元，在长期的生产生活中逐渐形成了独具特色的体育文化，创造了如九狮拜象、竹篙火龙、罗汉舞、傩戏、桥帮灯、子孙龙、舞春牛、鲤鱼灯、抢打轿、孔明灯、烧瓦塔等赣南客家独有的体育文化项目，并以其古朴和充满浓郁的乡土气息为世人瞩目。①

赣南客家体育文化只有依靠根底深厚的客家文化，保持自身的特色，才能为外人所接受。我们探讨客家体育文化的目的，在于以科学的态度和辩证唯物主义的观点，借鉴其他民族先进体育文化发展的经验，摸索出适合客家体育繁荣发展的道路，促使其不断规范化、科学化，让客家体育文化迸发出强大的生命力，为发展赣南闽西地区体育事业、提高客家人的身体文化素质以及建设小康社会做出贡献。②

第一节　宋城体育文化的概念及分类

一、宋城体育文化的概念

宋城体育文化主要以客家文化为底蕴。根据历史研究，许多专家一致认为客家先民主要是来自原黄河流域和江淮流域的汉人，从秦汉时期开始，由于战乱和灾荒等原因，客家先民背井离乡、辗转迁徙到赣南、闽西、粤东的大山里，与当地的土著人融合，逐步形成了一种拥有特殊方言的群体。据统计，目前我国客家人有近亿之多，“纯客家县”（指客家人超过 90%的）有 44 个，其中赣南就有 16 个县，客家人数多达 780 万。

自 20 世纪 20 年代中期以来，对客家的研究逐渐兴起，到 90 年代已形成了研究热潮。关于客家的研究主要包括客家文化、客家风情、客家人文、客家民

① 吴玉华．赣南客家节庆民俗体育及其文化特征［J］．赣南师范学院学报，2011，32（6）：84-88.

② 张允蚌，张齐斌．赣南闽西客家体育文化初探［J］．河北体育学院学报，2007，21（1）：35-36.

俗、客家宗教、客家教育、客家礼仪、客家围屋等。而关于客家体育的研究比较少，几乎刚刚起步。

体育，作为一种社会文化现象，有人的地方，就有体育。在赣南这片土地上，随着客家人的代代相传和创新，产生了独具特色的赣南体育文化，也可以称之为宋城体育。客家体育不但是中华民族先进体育文化的一部分，同时也是世界体育文化的一部分，因此研究客家体育文化是丰富我国体育文化和拓宽客家研究领域的重要举措。①

宋城体育文化是随着赣南客家人长期的劳动斗争以及与当地其他少数民族体育文化、西方体育文化的交融而不断发展的，反映了客家人政治、经济、军事、文化、宗教、风俗习惯的发展过程，体现了赣南客家人的生产劳动与生活方式、思想情感及人文地理。

这里所讲的宋城体育文化主要指赣南客家休闲体育文化。休闲体育与竞技体育、体育教育不同，是人们在工作时间以外从事的以愉悦身心、增进健康、提高生活质量为目的的教育和文化活动。

二、宋城体育文化的分类

赣南客家休闲体育文化是通过各式各样的体育活动来表现的，根据起源、内容和形式等的不同，当前赣南客家休闲体育大致可以分为民间传统体育和近现代体育两大类。

民间传统体育主要指与生产、民俗密切相关的体育活动内容，赣南客家民间传统体育可以进一步划分为军事活动类、生产生活类、宗教民俗类、娱乐游戏类。军事活动类主要包括客家武术、拔河、斗鸡、掰手腕、扁担顶力、弹弓、打石头仗、打野仗、打水漂、打沙包等体育项目；生产生活类则涵盖划龙船、嬉水、划木筏、跳绳、登山、跳房子、九狮拜象、龙灯舞等；宗教民俗类则包括打龙灯、舞狮子、竹篙火龙、游灯、游高灯、踩高跷、扭秧歌等；娱乐游戏类项目有踢毽子、抽陀螺、荡秋千、滚铁环、爬竿、老鹰捉小鸡、打石子、放风筝、放孔明灯等。②

近现代体育主要是指西方体育项目在客家传播过程中经过客家文化的选择后，在客家区域广泛开展的体育活动。近百年来，先后从国外传播到中国城市和农村的田径、体操、足球、篮球、排球、网球、乒乓球、羽毛球、游泳等项目，已经被客家人接受和吸收。

---

① 欧阳斌，张建中．体育文化学［M］．北京：科学出版社，2013：123-124.

② 龚建林，陈琦．客家文化区域的休闲体育文化特色初探［J］．广州体育学院学报，2008，28（3）：48-51.

第二节　宋城体育文化的起源

一、生产劳动

同其他文化一样，客家体育文化也源于生产劳动，并为生产劳动服务。古代客家人居住的赣南地区人烟稀少、林菁深密、蛇蟒横行、瘴气缠绕，求生极为不易。客家人为了生存所从事的生产活动，就必须以跑、跳、投掷、攀登、游泳等身体活动为基础，涉及采集、耕种、狩猎等多项内容。如客家的九狮拜象、龙灯舞、采茶戏等劳动舞蹈都大量的保留了古代客家人生产活动的特征，可见生产劳动的需要是客家体育运动的基础和基本内容。

二、军事活动

古代赣南地区战争频仍，与严酷自然环境的生存斗争和各种各样的反压迫斗争，造就了客家人坚毅刚健的尚武精神和积极向上的体育意识，并融汇成为客家人的一种生命本能。因此体育运动作为客家人增强体魄、提高生存能力、增强生活信心和抵御外辱的有效手段，已经成为一种传统和自觉行为。今天，客家南派武术已广为流传，还有一些特色客家拳种仍在当地流传。

三、宗教信仰

同其他古代的民族一样，宗教信仰在赣南客家人的生产生活中也占有着重要而特殊的地位，而与宗教信仰相关的一些祭祀礼俗，则反映着该地区客家人独特的生产、生活方式，记载着他们的历史、信仰，成为地域文化、民族文化的重要载体。虽然各种祭祀礼俗活动的形式在不断的发展演变，但是都留有其宗教信仰的印记。如今天客家人的花灯舞、灯艺、茶灯、船灯、踩马灯、舞龙、舞狮、跳海青、仙女洗镜等舞蹈和杂艺活动，无不体现了客家人通过简单的运动形式达到娱悦天地、告慰祖先神灵以及驱鬼降妖的目的。

第三节　宋城体育活动典型案例

一、迎神龙求吉利，寄托思乡情的舞龙

舞龙灯，它的起源应追溯到上古传说。早在黄帝时代一种《清角》的大型歌舞中，就出现过由人扮演的龙头鸟身的形象。龙作为中华民族想象中的神物，早在五千年前，我们的先民就把它创造出来了。在古人心目中，龙具有呼风唤雨、消灾除疫的功能。龙是“四灵”之一，是给人们带来风调雨顺、四季平安

的神物，因此，客家人常用舞龙的方式求祈平安和丰收。竹篙火龙节是宁都县北部洛口乡南岭村人八月中秋节期间的一项大型民俗表演。活动主要内容是祭祀火龙神。相传火龙神为两兄弟，弟弟为火虎，哥哥为火龙，统称为火龙神。它们曾驱除了瘟神，保护了南岭百姓的平安，因而受到南岭百姓世世代代的崇拜，不但为它们建了“火龙神庙”长年祀奉，而且于每年中秋节期间，都要举行隆重的禳神活动。另外，从历史的角度看，由于客家先民原来主要是居住在黄河、淮河和长江流域的汉族人民，因逃避战乱、背井离乡辗转迁移到赣闽粤边，因此，其渊源在中原，客家舞龙、舞狮和各种花灯表演都与客家先民中原艺能保持着千丝万缕的关系。舞龙、舞狮、船灯、马灯等各种民间文体表演活动，寄托着客家先民对中原故土的深切眷恋与思乡之情，几乎村村舞龙，户户参与，从内心充分体现了对龙文化的热爱和继承。

二、驱邪镇灾，寄寓兴旺发达的舞狮

狮子作为百兽之王，形象雄伟俊武，给人以威严、勇猛之美感，人们将它作为勇敢和力量的象征，认为它能驱邪镇妖，保佑人畜平安，所以逐渐形成了在春节元宵期间舞狮子的习俗。据当地人介绍，上犹营前“九狮拜象”最初的形式为“龙狮舞”，含有驱邪和庆丰收的寓意。发展成“九狮拜象”以后，其寓意就更深刻了，它既隐喻着新年伊始，“万象回春，九州同乐，共庆太平”的喜庆情景，又寄寓着来年“风调雨顺，五谷丰登，六畜兴旺”的美好愿望。据说过去上犹营前客家人还有一条不成文的规定：凡是本姓中没有人做过皇帝或丞相的，不准扎像，于是，有的姓氏就借“九狮拜象”来炫耀宗族的兴旺发达，人才辈出。而一些姓氏的族长、宗长或长辈，也往往借此鼓励后辈发愤读书，以成大器。随着历史的发展和“九狮拜象”这一形式本身的不断完善，它除能满足客家人上述心理外，吉庆和娱乐的功能大大增加，以至今天发展成一种大型的民间灯舞表演形式而被载入史册。

三、游灯传福，预祝送子添孙的提灯游行

宁都石上村每年元宵节有闹花灯的习俗，因为是挑着一担一担的灯游街、游村、游庙，故称为“担灯”。相传明万历初年，该村一李姓财主，夫人得梦修建汉帝庙，庙成果然生得一子，名汉灵。汉灵一生乐善好施，曾独资兴建一座大木桥，时值元宵节，大桥落成，汉灵夫人生下第五个儿子，汉灵非常高兴，请巧扎匠赶制了六盏花灯，以每子一盏，因取“好事逢双，再添新丁”之意，以六盏合成一担。汉灵挑着一担灯，敲锣打鼓去游庙、游街、游村。从此石上村便形成了群众性的“游担灯”习俗，并约定俗成。担灯人必须是德高望重者，亲自到

亲朋好友家“游灯传福”，预祝来年都能添丁担灯。①

第四节　宋城体育文化的特征

宋城体育文化是随着客家人的长期的生产生活以及与当地其他少数民族体育文化的交融而不断发展的，反映了赣南客家人政治、经济、军事、文化、宗教、风俗习惯的发展过程，最终形成了以宗族群体为本、以儒学伦理为中心，强调整体性、统一性和兼容并蓄的客家体育文化内涵。客家体育文化主要有如下特征。

一、纯朴的自然性

赣南客家体育运动的内容及形式还遗留着原始社会刀耕火种的生产和生活痕迹，而且与当地民风民俗、宗教祭祀等活动有着千丝万缕的联系。它不仅是客家人与自然环境斗争的结果，同时也是中原文化与当地土著民族文化相结合的肢体运动表现形态。这种自然性体育运动不仅仅具有竞技性和健身性，还体现着促进个体发展的积极目的，这和当地恶劣的自然生存环境和相对落后的社会经济状况密切相关。

赣南客家人聚集山区之中繁衍生息，以拓荒、种植的山区农耕生产生活方式为主，故赣南客家民俗体育活动具有典型的山区农耕乡土特色，许多民俗体育文化项目都与农业生产有关：一是活动内容方式与农业生产紧密相连。如信丰古陂的“犁狮”就是一种与农耕生产紧密相连的“香火龙”。其形象就是农夫与牛和犁，舞蹈动作也来自于农业生产“犁田”的劳动场景，具有浓郁的山区农耕乡土气息。又如，盛行于崇义上堡乡的“舞春牛”是一种类似舞龙灯、舞狮子的灯彩活动，由上堡乡新客家人唐姓家族由粤北引进，每当春耕时节临近，“春牛”队伍便以家族队伍形式，走村串户，舞牛祭天，反映了农耕社会客家人对牛的崇拜和图腾感恩，同时也表达出期盼五谷丰登、六畜兴旺的美好愿望和祝福。二是活动器具就地取材，漫山遍野随处可见的竹木和收割稻谷留下的稻草都是制作民俗体育活动的材料。如赣南客家龙狮民俗表演的龙和狮大多是由山区随处都有的木头和稻草制作而成；全南香火龙其基本造型以简易木架为依托用稻草扎成龙的雏形制作而成；宁都竹篙火龙是由山上的竹子和茶树油制作而成。民俗体育活动器材均来自山上、田间地头，简单易得。

二、宽广的包容性

由于赣南客家来源于历史上客家民系多次大迁移的不同历史时期、不同地域，这就使得赣南客家民俗体育文化既有早期南迁客家先民创造的赣南本土客家

---

① 吴玉华．赣闽粤客家“打龙灯舞狮子”与民俗体育文化［J］．山西师大体育学院学报，2006，21（3）：51-53.

民俗体育文化，又有清代太平天国时期江、浙、闽、粤居民内迁和抗日战争时期粤北难民回迁赣南谋生等带来的外来客家民俗体育文化，经过数百年漫长历史的潜移默化和兼容并蓄，既延续了中原汉民俗文化的精华，又在新的环境里得到创新，从而形成了今天独具特色的赣南客家民俗体育文化。如扭秧歌、踩高跷等大多由北方带来，马灯舞由江浙一带传入。赣南客家体育运动具有宽广的包容性，集中体现了中原汉族体育和当地民族运动融合的特色，从而既有北方人民普遍熟悉的运动形式，亦有当地少数民族宗教信仰和崇拜的内容。如客家武术在与北方汉族和当地少数民族的武术相互融合的过程中，逐步形成了讲究实用，注重快发劲、发短劲，步型小及跌打滚翻动作多等特点。今天赣南的客家武术成为客家体育身体艺术中的一枝奇葩，也是我国传统民族体育文化的重要内容。这反映了客家人主动适应环境的性格特征和对各种文化兼收并蓄的包容心态，是客家人生命意识和生活智慧的集中表现。

而更多赣南客家节庆民俗体育活动则是融入了当地土族文化内容或多元混融而独具特色。如赣南客家舞狮有“跳八仙桌”的动作，而且技艺高超，身体十分轻巧。客家先民迁入赣南与山都、木客长期混杂居住生活交往，山都、木客因其个头矮小、身体轻巧、攀爬伐木的拿手劳动技巧等特点逐渐融入汉民社会，两者融合产生了新的文化内涵，使客家舞狮发生了改变，形成了今天独具赣南特色的“跳八仙桌”民俗体育表演艺术。客家舞狮的这种变化就是中原文化融入了新的特定的地域文化的结晶。又如“九狮拜象”，流传于上犹县营前镇，这是赣南客家人中一个典型的聚落区，既有南宋以来的“老客家”，也有明末清初从粤东等地迁来的“新客家”。九狮拜象是在新客引入的龙灯、狮灯的基础上结合当地节庆风俗发展起来的大型灯彩活动，由一龙、九狮、一象、一麒麟组成，在每年的正月初二至元宵节期间进行表演。

三、鲜明的地域性

许多民族传统运动项目是本民族所特有的。赣南客家体育运动就带有极强的地域烙印。像九狮拜象、提灯、舞龙等，都是其他地方没有的。即使是相同的体育项目，也有其自己的地方特色。赣南地区山地、湖泊、河流较多的地域特点孕育了独特的体育运动，像打水漂、打铜钱、捉瞎子、打野操等客家体育运动项目都表现出了鲜明的地域文化特点。通过它们，人们似乎总能感受到当地人独特的生产生活内容和客家人积极向上的动感活力。

赣南虽然绝大部分都是纯客家县，但由于各县乡镇村落客家人来源于不同历史时期的不同地方，其迁徙历史、人居地理环境及社会环境各不相同，使得赣南各县乡镇村落的节庆民俗体育文化活动也各具特色。仅舞龙舞狮赣南就有游烛龙、跳蚤龙、抢泡龙、三节龙、香火龙、鲤鱼龙、竹篙火龙、板凳龙、滚龙、稻草龙、瑞龙、凌龙、青狮、梨狮、蔗狮、滚地狮、猫公狮等。有的民俗体育项目只在固定的乡镇村落才有，如上犹营前村的九狮拜象、宁都南云村的竹篙火龙、信丰大阿镇吕屋的子孙龙、宁都曾坊村的桥帮灯、大余南安镇的罗汉舞、赣县白鹭村的抢打轿、宁都中村的傩戏、龙南杨村的“池塘”太平龙舟赛等都具有很强的地域性。

四、较强的宗族性

客家祖先从中原南迁初到赣南时，生活环境十分艰苦，面对完全陌生的环境，在与敌人抗争、与自然抗争的同时，保存种族，繁衍后代，壮大家族势力成为客家人第一要务。为维系和不断壮大家族势力，通常都是通过修谱、建祠堂、开展祭祀活动来统一族人精神信仰，加强宗族凝聚力。因此，赣南客家节庆民俗体育活动最初都是以家族为中心的宗族活动。如流传在赣南上犹县营前、龙门、金盆各乡的“九狮拜象”，原多为“姓氏龙灯”，人们称之为“姓氏灯”，这些都是以家族为中心组织活动，扎成的灯彩好坏成了显耀一个家族的政治地位、经济实力和文化修养的象征。随着历史的发展，家族“姓氏龙灯”在家族势力竞争中逐渐发展为“九狮拜象”。又比如宁都南云村卢氏“竹篙火龙”只有卢氏家族内部成员才能参与到活动中来，“竹篙火龙”节成了南云客家人向土著人或外族人展示家族势力强盛的重要机会，成了家族共同利益的必须行为和家族凝聚力升华的重要仪式。此外，宁都“桥帮灯”是曾坊村曾氏家族每年祀奉汉帝庙活动的一个主要内容，早期外姓人是没资格参加的。而全南中寨“香火龙”也是通过家族式活动得以传承的。①

五、浓厚的趣味性

客家体育源远流长，经久不衰，主要的原因在于客家体育具有浓厚的趣味性。俗话说：“兴趣，是最好的老师”。现代奥运会创始人顾拜旦也说过“参加比获胜更重要”。客家体育也重在参与。

例如，广为人知的跳房子游戏，除了能提高客家小朋友奔跑和跳跃的能力，还能体验修建房屋、拥有房屋的乐趣！由于客家先人在长期的颠沛流离、背井离乡的辗转迁徙中吃尽了苦头，所以他们倍加珍惜安居生活。常言道：“安居才能乐业”。跳房子这项体育活动让小朋友在玩耍的时候受到勤俭持家、热爱劳动、热爱家庭和家乡的启发。

六、多元的功能性

赣南客家体育的目的性是十分明确的，其功能也是多元的，主要体现在以下

---

① 吴玉华．赣南客家节庆民俗体育及其文化特征［J］．赣南师范学院学报，2011，32（6）：84-88.

几个方面：（1）强身健体功能。客家体育将健身与娱乐融为一体，人们在运动中得到美的享受和体质的改善。（2）娱乐欣赏功能。客家体育活动项目独特、技艺精湛、风俗文化深厚，能给人耳目一新的感官享受。（3）群众参与功能。客家体育活动往往是在节日、祭祀及劳作之余的活动，具有很强的群众参与性和广泛的普及面，而且动作简单易学，使人能很快模仿而参与其中。

第五节　宋城体育的功能

一、健身功能

健身功能是体育的本质功能，宋城体育也不例外。赣南客家人在一些特定的时节，采用一定的方式去野外玩耍，进行体育活动，起到强身健体、锤炼意志、开发智力、发展个性的作用。宋城体育项目如划龙舟、舞龙灯、丢沙包、踢毽子、跳房子等让人们在闲暇之时生活丰富多彩。每年的端午节前后，赣南各地都会举行场面激烈的划龙舟比赛，参与者为了在比赛中为各自的队伍取得好成绩，会在平时加强体能锻炼，这为赣南客家人强身健体起到了很好的作用。同时，在冬天农闲时间，尤其是正月十五，赣南各地举行不同形式的舞龙灯活动，让客家人在农闲时间也能更好地健身，不致因农闲冬歇这样的季节性休息而使劳力退化。

二、娱乐功能

宋城体育以游戏为主，以娱乐为主。娱乐功能是指利用娱乐促进人们的身心健康，调节人们的生活节奏和生活质量。发挥体育的娱乐功能，就是要大力提倡身体娱乐，也可以通过竞赛的方式，起到让人精神愉快、心情舒畅、乐在其中的作用。客家社会是一个典型的农耕社会，农耕生活的艰辛使得客家人很少有娱乐的机会，因此，每当年节空余时间，客家人便会以舞龙、舞狮等方式来表达佳节的喜庆，同时以龙、狮这类祥瑞动物为主题进行娱乐，又表达了驱除邪恶、祈求平安的美好愿望，从而达到心理与身体的娱乐功能。

三、教育功能

赣南客家人从小参与各种体育活动，而源于生产、源于生活的宋城体育具有劳动教育、生活教育的功能。通过游戏、通过体育，小朋友们能够体会到劳动的艰辛、生活的不易，同时一些团体项目能够让他们明白协同合作的重要性。因此，寓教育于体育对广大青年、少年起到事半功倍的效果。

像九狮拜象体育项目由于本身具有民族性，因此在接受民族传统文化的学习和教育过程中也能激发出民族的自强和自豪感。

四、亲缘功能

常言道："老乡见老乡，两眼泪汪汪。"这说的是一种乡情和亲情。赣南客家人同根同祖，世代漂流，四海为家，创造了许多辉煌业绩。但是，不管在何时何地，只要听到客家口音，其亲切感便油然而生。在外看到有人进行家乡的一些体育活动便觉得仿佛回到了家乡。所以，宋城体育具有亲缘功能，它能拉近彼此之间的距离，能使素不相识的人变得熟悉、变得亲近。

第六节　研究宋城体育文化的意义

宋城体育文化是我国民族传统文化中的一件瑰宝，研究宋城体育文化具有重要的学术价值和深远的意义，能够活跃现代社会文化生活，丰富体育文化内涵，增强中华传统文化在国际交流中的影响力。

一、丰富我国体育文化内涵

体育文化是指一定社会中的人们通过长期的体育实践所创造的物质财富和精神财富总和。宋城体育文化是赣南客家人在长期的生产、生活实践中根据现实的需要对传统文化的传承与创新，许多宋城体育项目蕴含了丰富的运动形式，包括相关的龙狮文化、武术文化、地域文化、茶文化、历史文化等。这些运动形式、相关知识、技术和技能，无疑从内容和形式上丰富了我国体育文化，在推动中华传统体育文化的发展中起到了积极的促进作用。

二、有利于推动我国客家文化的研究

宋城体育文化是赣南客家文化的一个分支，加强对宋城体育文化的研究有利于丰富和完善我国客家文化的内容以及增强人们对客家文化的了解，为发掘和保护我国传统文化起到至关重要的作用，将带动和促进整个客家文化的弘扬。

三、有较强的历史研究价值

宋城体育是赣南客家先民在长期的历史发展中，与一些土著少数民族的融合和同化过程中形成的，具有悠久的历史和深厚的文化底蕴，研究宋城体育文化对于研究客家文化历史、客家民系将提供较好的生活素材和历史素材。①

① 谭东辉，金慧惠．对赣南客家民俗体育文化的社会功能及其价值的研究［J］．江西理工大学学报，2010，31（2）：90-92．

四、有利于增强我国文化软实力的影响力

习近平总书记在主持中央政治局2013年第十二次集体学习时指出，提高国家文化软实力，关系“两个一百年”奋斗目标和中华民族伟大复兴中国梦的实现。总书记围绕努力夯实国家文化软实力的根基、努力传播当代中国价值观念、努力展示中华文化独特魅力、努力提高国际话语权四个方面所做的精辟阐述，是建设社会主义文化强国、提高国家文化软实力的根本指引。客家文化是我国特色文化之一，作为其中的一个重要方面，宋城体育文化的传承与发展将推动中华文化的发展，将为提高我国文化软实力做出重要贡献。

第七节　宋城体育文化发展现状及成因分析

一、宋城体育文化发展现状

随着时代的变迁，科学的普及，生产、生活方式的变迁和环境的改变，宋城体育文化也正在发生变化。一方面，传统体育内容与形式发生了变化，有的已经消失，有的在形式上发生了改变，传统体育活动在人们体育活动中的比例逐步下降，而且更多地成为一种节日体育文化；另一方面，近现代体育项目为越来越多的客家人所喜爱，成为人们休闲体育文化的主要组成部分。

同时，宋城体育的地域性的特征在一定程度上制约了它的发展。一方面，许多宋城体育项目受地理环境的影响。例如，居住在章江两岸、贡江两岸、汀江两岸的客家人，因为水资源丰富，划龙船活动较为普遍，而远离江河的客家人则不便开展此项活动。另一方面，宋城体育文化与地方文化传承密切相关。例如，九狮拜象活动主要在上犹县营前一带，在赣南其他地方则几乎没有。

再者，赣南民俗体育活动的参与人群大部分都是男性，而随着社会的不断发展，以及城镇化的推进，大部分农村里的青壮年男性都走出村落，到城市里寻找更有发展前途的工作，只是逢年过节才回到家乡短时间居住，这在一定程度上造成了民俗体育的传承与发展受到限制。

随着时代的变迁，科学技术的普及，民俗体育活动中的信仰成分减少了，人们不再相信天旱时到湖边为龙王进香献艺就能换来雨水，遇到困难时向神灵虔诚的祷告就能化解灾难。信仰成分是民俗体育在传统社会中拥有大批爱好者的重要因素，随着民俗体育活动中信仰成分的淡化，民俗体动生长所依存的文化土壤越来越缺乏，社会、经济、文化方面的变迁都是对民俗体育项目生存能力的考验。

二、宋城体育文化发展受限的原因分析

总体而言，宋城体育文化的发展受限的原因主要有以下几个方面。

（一）政府支持力度不大

民俗体育的发展对政府支持有较强的依赖性。因此，体育行政部门的方针政策引领着民俗体育的开发与建设。政府部门还没有把民俗体育的开发纳入到经济与社会发展的统一规划之中，在地区发展中也没有得到足够的重视。近年来，宋城体育文化在赣南地区虽然越来越受到社会各界的关注，但政府在宣传推广方面力度还不够大，导致宋城体育文化在我国乃至全世界的影响力尚未完全发挥出来。

（二）城镇化的影响

随着改革开放的到来，我国城镇化进程加快，城镇化为当地民俗体育文化的传承与发展提供了物质、经济等方面机遇，同时也提出了挑战。由于在城镇化进程中，越来越多的农村人外出打工，走进城市，很多人通过不断的努力在城市扎根，这使得农村地方特色体育项目的参与者越来越少。尤其是近些年，随着人口老龄化的出现，许多农村基本成为空城，大多数生活在农村的都是留守老人和儿童，使得宋城体育文化的参与者越来越少。而作为“边缘”文化的民俗体育文化在当代文明所代表的“强势文化”面前，其“抵抗力”和自我生存能力均处于劣势，其保护与发展面临诸多困境，其传承延续性也将受到挑战。

（三）生活娱乐方式的转变

随着城镇化进程的加快，我国人民的经济水平不断提高，对于精神生活的要求也越来越高，对古朴的民俗体育的兴趣越来淡薄，在电子传媒的影响下，更多地去关注奥运会、世界杯、NBA 等国际体育赛事。随着生活水平的提高，人们的娱乐方式也发生了很大的变化。许多农村百姓由村寨集体化的自娱自乐转向居家内的观赏——夜晚普遍以观看电视节目为娱乐。这些娱乐方式的转变对于对宋城体育文化的传承无疑产生重大影响。

（四）市场培育不足，传承者缺乏

由于各方面的原因，赣南地区民俗体育的开发缺乏良好的市场条件，没有形成活跃的民俗体育市场。受社会和经济变化的影响，大多数赣南传统体育的练习者都意识到了这些体育活动传承的危机，在赣南，像九狮拜象、香火龙等特色体育项目除了当地人和练习者外，为很多人不知，市场培育严重不足。加之，在西

方文化的强大冲击下，民众也缺乏对这些体育文化的认同和兴趣，从而陷入了宋城体育文化传承和保护的危机中。

第八节　宋城体育文化发展策略

近年来，随着社会的发展，我国赣南地区经济、文化发展迅速。但作为我国特色传统文化重要组成部分，宋城体育文化的传播与发展尚未得到很好的保护，需要政府、学校、农村基层等各部门一起努力，实现宋城体育文化的广泛传承与发展。

一、依托政府的扶持，做好市场营销、导向研究工作

宋城体育文化是我国民族特色文化的重要成分，扩大其在国际国内的影响力将极大促进宋城体育文化的传承与发展。作为地方特色文化，政府的扶持和宣传应起到主导地位。宋城体育不仅仅是客家文化艺术资源，更是进行产业开发的巨大资源。因此政府应将宋城体育文化发展纳入当地经济发展的计划之中，加强对宋城体育文化的挖掘、整理和开发是政府义不容辞的义务。同时，在宣传宋城体育文化方面，政府应提高认识，抛弃保守观念，加大政府舆论导向的作用。

宋城体育文化要真正走向市场，必须有一套成熟、完善的市场营销体系。因此政府部门应加大投入力度，对粗糙的体育器械、原始的娱乐方式进行改造和创新，使宋城体育更加文明和科学；对具有代表性的、竞技性较强的项目进行提炼，用科学方法对其整理，使其具有操作性，提高宋城体育的观赏性和竞技水平。在继承的基础上发展，在发展的过程中保持本色是宋城体育走向市场的关键，因此政府应做好导向工作，防止宋城体育运动混同于西方体育运动。

二、做好后备人才的培育工作

文化的传承与保护除了需要依托政府的扶持与宣传，人才的培养也是重中之重。受改革开放和城镇化的影响，宋城体育文化的爱好者及传承者面临断层的局面，因此，做好宋城体育文化后备人才的培养是当务之急。

在科学技术突飞猛进和网络迅猛发展的今天，宋城体育文化后备人才培养途径主要有以下几个方面：

第一，注重“乡土”体育人才的代际传播。首先，要原汁原味地传承宋城体育文化，必须从它的根基——农村村落着手，培育传承人，通过在农村或乡间代际间的文化传播达到传承与发展的目的。政府鼓励村落培养专业人才，积极开

展各类宋城体育活动，积极开创宋城体育文化节，为宋城体育的传承与发展创造生存的环境与氛围。其次，乡村与乡村之间积极开展宋城体育交流平台，组织宋城体育竞赛，创造相互促进、相互学习的机会，提升传承技艺，从而提升民俗体育文化的渲染力度，推动和促进民俗体育的现代化发展。

第二，将宋城体育纳入当地学校教育体系，提升宋城体育文化的教学与训练水平。宋城体育的现代化发展，应该通过教育这个平台提供强有力的保障，体育部门和教育部门应该鼓励当地学校将宋城特色体育资源纳入校本课程，将赣南特色体育活动作为学校体育教学内容，从而努力营造良好的校内外体育文化氛围。例如在体育课程中增加舞龙舞狮等特色体育，这样既符合学生的兴趣，又继承和发扬宋城体育艺术，使宋城体育精神深入人心。此外，将宋城体育纳入教学体系将有利于专业人才的培养，使得宋城体育文化的传承者专业性更强。

目前，像九狮拜象等宋城特色体育项目，虽然在节日庆典、表演、娱乐等活动中尽显风采，但仍然停留在口口相传、师傅带徒弟的民间原始的传授技艺的方式之中，严重影响了推广的范围和速度。据调查发现，在赣南众多学校中，尚未开设此类项目。开发符合当地实际、富有地方特色的传统体育项目既符合当前学生体育学习的兴趣要求，也能为宋城体育在青少年一代的传承提供保障。因此，将宋城体育引入学校体育教育，打造学校特色传统体育项目，不仅是对学校体育内容的补充和发展，而且能丰富学校体育课程内容。

三、加快宋城体育旅游产业开发的步伐

作为我国客家人最大的聚居地，赣南独特的地理优势和民族风情，决定了其具有极大的旅游开发潜力。而客家体育艺术的自然性、民俗性、娱乐性、观赏性等特点，也使得宋城体育文化成为了赣南旅游中重要的文化内容和亮点。因此，宋城体育文化的发展应与当地旅游资源的开发结合起来，制定宋城体育文化旅游发展规划，在发展地方经济，建设美丽和谐赣南大地和旅游文化城市的过程中带动宋城体育文化的传播与发展。

因此，我们应利用现代化的信息传播手段，充分利用遍布世界各地的客家人这一得天独厚的资源，加大对宋城体育文化和体育旅游的宣传力度，因地制宜地发展赣南体育旅游，借旅游产业的东风，实现宋城体育文化的可持续发展。

文化是旅游者的出发点和归结点，是旅游景观吸引力的源泉。宋城体育文化内容丰富，分布较广，而且江西“红色旅游”“景观旅游”“客家旅游”等旅游资源丰富，得天独厚。因此加大对宋城体育文化旅游的宣传力度，将其与当地旅游资源相结合，不仅能扩大宋城体育的影响，传播和传承宋城体育活动，而且还能利用这种传播和传承对宋城体育项目进行保护，充分发挥体育与经济的互动功

能，从而弘扬与发展宋城体育文化。例如会昌正在积极筹建的客家文化城，这是一个很好的构思。[1]

第九节　小　　结

经过长期的历史发展，宋城客家族群在形成和发展过程中为适应居住地生产生活的需要，求得本族群的生存和发展，满足自身的各种需要，形成了具有本族群特色的各种传统体育活动。这些传统体育活动又由于自身的文化特征，往往与客家的节日文化、宗教文化等文化形态相互结合在一起，在历史上对于改善和活跃客家人的文化生活起到了重要作用。同时，我们应该看到，现在的赣南地区由于地处山区、交通落后，仍存在着区位劣势，经济还不发达，宋城体育活动等各项事业的开展受到极大的限制。因此，通过政府、学校等各级部门的努力，切实做好宋城体育文化的传承与保护，对于弘扬我国优秀民族体育文化，提升我国文化软实力具有非凡的现实意义。[2]

---

① 姜封庆，李鹏．江西民俗体育现代化发展研究——以赣州地区为例［J］．运动精品（学术版）2013，32（9）．

② 邓小勇．客家传统体育及其文化特征［J］．嘉应学院学报，2004，22（4）：77-79.

第三章　客家民俗体育文化中的道德观

民俗体育文化是当地人民依附于本土文化理念和思维模式而形成的一种稳定生活方式，是一种活态的原生态体，亦是整个传统体育文化的精华和缩影所在。在此意义上，客家民俗体育也蕴含着丰富、浓郁的客家精神，是客家人行为模式的一种思维依据。本章旨在从客家民俗体育的角度出发，将其上升到一种生活哲学的态度，剖析和挖掘其深层的道德价值观问题。这对于如今提高人们的幸福生活、提高人们的生态责任意识、营造良好的社会风气等都具有重大的现实意义。

第一节　客家民俗体育文化概述

一、客家民俗体育文化的形成背景

客家民俗体育文化的形成具有一定的历史性因素，是一定社会时期的产物，因此，我们对它的研究要将它放在特定的历史时空下，只有对当时的自然经济基础和社会基础有了清晰的认识，才能更好地去理解客家民俗体育文化的产生原由。

（一）经济背景

在相当长的一段时间里，我国是一个以小农经济为主体的农业国家，客家先民最初也是黄河流域的中原汉民，农业生产主要表现在铁农具的推广和牛耕的普及。汉武帝时期，出现了二牛抬杠式犁耕和一牛挽一犁的单牛犁耕。在当时，牛是人们最宝贵的劳动工具，政府明令禁止宰杀耕牛，杀牛及盗牛者要受于极刑。牛是人们勤劳、勇敢的象征，以至于客家人在迁徙到南方时生活条件也极其艰苦，主要居住在低洼、沼泽、浅穴等少人居住的地方，为了祈求丰衣足食和六畜兴旺，便在生活间自发的繁衍出了舞春牛的民俗习惯。

魏晋南北朝时期，由于战乱，黄河流域的汉族人开始大量的南迁，少数是士族，极大多数是农民群众，而被迁徙的客家先民在实际的生活中还是要依赖士族的经济力量得以生存，生活也极其艰苦。司马迁在其《货殖列传》里这样描写西汉时长江流域的经济状况：江南卑湿，人多夭死，地广人稀，生活主要依靠稻米鱼羹。迫于当时生产力条件的低下，客家民众开始放低自己的姿态，积极地投入到美好生活的创建当中。民俗体育文化不过是他们为各种自身利益着想的延伸物。比如，为了彰显自己家族实力而开展的九狮拜象和为了驱邪祈福而开展的香火龙、走古事、烧瓦塔、竹篙火龙、舞龙舞狮等就是如此。

但从另一方面来看，北方汉民的南迁，给长江流域的人们带去了先进的生产技术和充足的劳动力，促进了当时生产力的发展。在造纸术方面，南方造纸术已有了极大的进步，他们开始制造藤纸、麻纸代替竹简和竹帛。在商业方面，兴修水利，人们开始涉足海洋业，当时南下的客家人也有相当一部分开始沿海靠打渔为生，为了让自己出行更顺利，他们就会祭拜海神保佑自己出行顺利，收获多一些。即便是现在，福建、广东等一部分沿海居住的客家人还保留着祭拜妈祖的民俗习惯。妈祖就是我国闽台地区客家人眼中救苦救难的海神。每当妈祖诞辰之日，一些地区的客家人就会顶礼膜拜，设宴演戏，其场面非常隆重。

（二）政治背景

西晋末年，北方匈奴、鲜卑、羯等少数民族大举入侵，居住在黄河流域、山西、甘肃、陕西、关中等地区，中原地区大批的汉族官僚、地主、农民开始携家带眷纷纷南逃，南移人口高达90万，史称“永嘉南渡”。这是客家先民第一次大规模的南迁。

唐朝开宝年间，政治腐败，内部矛盾激化，掌握边镇武力的节度使也开始与中央争夺统治权，形成了藩镇割据的局面，这也是安史之乱的根源。叛军在于唐军交战的过程中，纪律败坏，沿途所经之地烧杀抢掠，黄河中下游地区的人们饱受蹂躏，出现了“人烟断绝、千里萧条”的凄凉景象，人们的生活困苦不安，甚至出现了用纸当衣的现象，加上自然灾害和严重的苛捐杂税，人们纷纷举兵起义。最著名的就是黄巢起义。为了解决粮食问题，给唐王朝带来一定的威胁，于是黄巢率兵10万挥师南渡，从河南进入湖北，再到江西赣州、吉安、上饶等地；为了避免和唐朝镇海节度使发生火拼，便从衢州迁往建州，转而到达福建的福州地区等。之后，从福建进入广州，再分兵进取广西桂林，控制岭南大部分地区。黄巢领导的农民起义军，英勇奋战近十年，转战大江南北，经过山东、河南、湖北、安徽、江西、浙江、福建、广东、广西、湖南等地区，席卷大半个中国。在此意义上，客家人也逐渐在江西、福建和广东等地区凝聚、扎根、生存，至此，以赣闽粤为中心的客家大本营得以形成。

明末清初，农民起义也接连不断，政府的镇压，使得汉族南迁至如广东、广西、中国台湾和东南亚等地区数量进一步增加。与此同时，天灾人祸加剧了四川和重庆人口的大量死亡和迁逃，政府为了恢复经济、重组社会，于是便采取了“湖广填四川”的休养生息政策。这一时期，客家人开始大规模的注入到广西、重庆和四川等领域扎根发芽，繁衍生息。

罗香林教授也曾根据外在政治环境的变动所引起的客家移民的文献资料和收集到的谱牒资料提出了“一枝散五叶”的说法，并最终提出了客家人是汉民族内部独具个性的一个民系一说。

（三）文化背景

南北朝时期佛教开始兴盛，其核心思想是“神不灭论”，开始在民间宣扬生死轮回、因果报应、天堂地狱等理论，劝导人们在实际生活中要积善行德，实则是要求人们忍受痛苦，放弃对统治者的反抗，是麻痹人们精神的工具。之后，中国文化重心开始南移，到南宋时期，宋明理学在吸收了儒道两家的精髓后提出了“存天理、灭人欲”的观点，使人们甘受封建统治者的压迫。此时的客家地区出现了很多传授理学的思想家，最著名的就是周敦颐、程颐、朱熹等，他们在客家地区为官，开设学堂，开办学院，积极地普及理学思想，宣扬人们只有诚心诚意的修行，驱逐自己的私欲，那么天理自会明了。在此基础上，客家地区的民众思想和心态也发生了相应的变化。他们也逐渐相信世间是有神灵的，要想获得更好的生活就需要人们多做善行，虔诚地祭拜神明。

陶九渊的“心学”对客家文化中独立意识和自主精神的产生起到了一定的影响，艰苦环境下的民族忧虑意识造就了客家人自强不息的奋斗精神和强烈的民族责任感。

在文学的作品方面，客家地区也出现了很多文人志士以及一些文学作品，例如，文天祥的《正气歌》《过零丁洋》，杨万里的《插秧歌》《闲居初夏午睡起》，崔与之的《菊坡集》等诗词集。[①] 宋代的江西是人文鼎盛之地，客家文学在此期间直接分为两大传统派别，一是忧国伤时，具有豪放悲壮之情的民系思想，二是关注民间疾苦的平民意识。或前或后的客家人在文化大背景下开始源源不断地创造出独具客家特色的文学作品。由此可见，宋代哲学和宗教思想在客家文化史上留下了很深的痕迹。

明朝中期，赣南地区的农民所遭受的剥削日益严重，农民起义的浪潮此起彼伏，朝廷危在旦夕，于是便派出王守仁进行平息动乱，但作为思想家的他，在赣南为官期间积极提出天理良心的观点教化人们，为了达到更好的效果，他恢复社学、兴建书院，开设学堂，倡导节约的理念，提出“导之以礼”“养之以善”的观点，对客家人的思想得到了潜移默化的改良，对客家思想的成长起到了推动和教化的作用。客家文化思想不但不与他们相悖，反而还得到了他们的认同和吸收，即便是现在，客家人崇尚节约的思想无不与理学中欲的节制有关。

唐宋时期的客家文化思想趋于稳定，主要表现在爱国爱家的观念和崇文重教

---

① 谭元亨．客家文化史［M］．广州：华南理工大学出版社，2009：187.

的风气，坚忍卓绝的气度和团结奋进的精神。这种思想上的成熟是与社会大背景下的文化因素分不开的。

总之，客家文化思想的形成受制于当地经济背景、社会背景和文化背景的影响，是一定社会经济文化的产物。在当时来说，对于稳固社会秩序、寻求精神的支撑等方面具有重要的价值和意义。

二、客家民俗体育文化的内涵

（一）客家民俗体育文化的含义

民俗一词最早在《管子·正世》中有“料事务，察民俗。”[①]《汉书·董仲舒》也说“变民风，化民俗。”在古代，民俗即指百姓的习尚，民间的习俗。[①]历史上认为民俗既包括农村的、城镇的，又包括过去的和现在的、古代的和新生的；口语的、行为的、心理的等物质、精神及社会组织等民间文化，是群体性传承的生活模式。如果非要给民俗文化下一个定义的话，乌丙安认为，民俗是民间世代传袭下来的，同时继续在现实生活中有影响的事象，是形成了许多类型的事象，是有比较相对稳定形式的事象，是表现在人们的行为上、口头上、心理上的事象，是反复出现的深层文化事象。[①]高丙中认为：民俗是具有普遍模式化的生活文化和文化生活。[①]陶立璠认为：民俗是一种悠久的历史文化传承，是一种相沿成习的东西，简而言之就是民间风俗。[②]

《体育科学辞典》将民俗体育解释为在民间风俗、文化或生活方式中流传的体育形式，是在人们需求的形式下产生的特殊文化形态。而钟敬文和涂传飞都认为民俗传统体育是一种普遍模式型的生活文化，以仪式的形式专供当地民众传承和享用，它是一个国家或民族的广大民众在其日常生活和文化空间中所创造并为广大民众所传承的一种集体的、模式化的传统体育活动。[③]由此可见，民俗体育文化是一个群体在一定文化空间中形成并传承下来的固定体育形式，它依赖于民间节庆活动得以不断的传承和延续。

囿于以上含义的界定得知：客家民俗体育文化是客家群体在一定历史时期下形成并传承下来的固定的生活模式，是一种集竞技、娱乐、舞蹈、祭祀为一体的民间生活文化。

（二）客家民俗体育文化的内容和分类

客家人的分布范围较广，数量较多，主要分布在国内的 19 个省份的 265 个

---

① 丁德珍．湘西民俗文化旅游开发的研究［D］．长沙：中南林业科技大学，2002.

② 陶立璠．民俗学概论［M］．北京：中央民族出版社，1994：11.

③ 陈红新，刘小平．也谈民间体育/民族体育/传统体育/民俗体育概念及其关系——兼与涂传飞等同志商榷［J］．体育学刊，2008（4）：8-11.

县市和遍布世界五大洲、四大洋的 80 多个国家和地区（见表 3-1）。鉴于客家分布范围广带来的不便性和笔者知识能力所限，只能以国内的纯客家县入手收集客家民俗体育特色的具体内容，并根据其表演形式和功能性进行分类，具体内容见表 3-2。

表 3-1　客家民俗体育活动的主要分布地区

省　份	主要分布地区
广东客家	梅州（梅江、梅县、大埔、丰顺）、韶州（韶关、清远、南雄）、惠州（长宁，永安、河源、龙川、连平、和平县）、嘉应、韶关、清远、汕头（潮阳、潮南）、汕尾（陆丰）等
江西客家	赣州（赣县、上犹、上堡、崇义、安远、全南、宁都、于都、寻乌、会昌、石城、信丰）、吉安、宜春、九江等
广西客家	桂林、南宁、柳州、玉林、贵港等
福建客家	龙岩、连城罗坊、三明、漳州、南平、汀州、漳州等
四川客家	洛带、龙泉驿区等
湖南客家	长沙、株洲（炎陵县）、郴州、永州等
港澳台客家	新竹县、桃园县、苗栗县、台中市、高雄县、美浓县、屏东县、花莲县元朗区、屯门区、葵青区、香港大埔区、西贡区等
海外客家	东南亚、泰国（合艾）、新加坡（芽笼区）、马来西亚（吉隆坡、槟城）、印度尼西亚、美国、英国、澳大利亚等

表 3-2　客家民俗体育文化内容和分类

分　类	名　称
宗教祭祀类	傩舞、九狮拜象、五经魁、添丁炮、烧瓦塔等
节日庆典类	舞龙舞狮、九狮拜象、舞水龙、板凳龙、竹篙火龙、放孔明灯、踩马灯、竹竿舞、醒狮抢球、傩舞、走古事、罗汉舞、花鼓、盾牌舞、马灯舞、花棍舞、打钹花、啄月姑、跳担杆、放风筝、划旱船、抢泡龙、耍腰跤、过火练、跳花灯、舞香火龙、傩舞、驰烛龙、爬竿、坐刀轿、麒麟舞、三人龙等
强身健体类	抢打轿、耍腰跤、各种拳术、剑术、赛龙舟等
竞技类	龙舟竞技、走古事、扁担接力等

由表可知，客家分布范围广，遍布世界各地。根据客家民俗体育文化开展的形式和目的将其划分为四大类，具体如下：

（1）宗教祭祀类：宗教祭祀民俗体育活动体现了客家人民通过肢体活动的外在方式体现出与当时的社会环境下相适应的价值观念和行为规范等，其行为意义在于祈求祛疾佑健、风调雨顺和五谷丰登的朴实心态。受当时认知水平所限和儒家天人合一思想的影响，客家人逐渐在民间形成了天地万物有神灵的宗教迷信色彩。通俗来讲就是客家人民追求生存、渴望幸福的美好意愿。例如，江西上堡舞春牛是民间舞蹈“活”的标准，其灵感来源于乡间地头，主要反映的是人们祈求风调雨顺、避邪趋吉、祈盼五谷丰收的朴实心态。

（2）节日庆典类：近年来，客家节庆民俗体育活动逐渐演变成一种人神共享的娱乐庆典，人们在喜庆的节日中，通过这样的民俗体育活动游走于大街小巷，充分地表达出自由洒脱的精神境界、温和友好的人际态度和休闲淡雅的幸福理念。例如，舞龙舞狮是客家人喜欢的民俗体育项目，每逢春节或元宵节时都会扎制长达数百节的草龙、纸龙、板凳龙等在晚上伴随着乐器伴奏进行舞动，全村男女老少都会去围观嬉戏，形成了一种颇为温馨的祥和局面。

（3）强身健体类：强身健体类客家民俗体育文化活动主要是指那些当初用于抵抗外侵的武术、拳术等强身健体运动。但在现代，客家练习武术、拳术、太极、板凳舞等已经不再是为了防御外敌了，但其强身健体的精神还在不断地指导着客家民俗体育活动的开展。

（4）竞技类：竞技类民俗体育是客家一项群体性活动，旨在表现客家人外柔内刚的性格色彩和团结合作的道德精神。例如，扁担接力是客家人在民间最喜欢的一项娱乐竞技活动，每个扁担中会有相同等级的重量，然后各组人员挑着扁担进行一定距离的比赛，以用时最短者胜出。这些团体性的民俗体育项目除了锻炼身体之外，还彰显出了客家人团队的合作精神和严守规则的纪律观念。

（三）客家民俗体育文化的特征

客家民俗体育文化是客家人长期生活方式、思维理念、审美倾向等内涵的表现体，与其他的民俗体育文化相比，也具有很多较鲜明的特征。

1. 历史性和传承性

任何一种文化的产生都必须依赖历史的客观存在，客家民俗体育文化的来源亦可以在历史时期中寻根到相应的源头，这正是民俗体育文化鲜明历史性。据史料记载，客家人最早的祖先是中原汉人，由于历史战乱约在西晋时期进行南迁，中原汉人的民俗体育文化在长达几千年之后依然存在并被人们所熟知的根本原因就是历代传承人的传承。从这个要义上讲。客家民俗体育文化又具有鲜明的传承性。

例如，客家民俗体育中的舞龙运动，最早起源于商代以龙祈雨的民俗活动。《甲骨文合编》中记载：“其作龙于凡田，又雨。”汉朝董仲舒在其《春秋繁露》中记载：汉代舞龙求雨祭祀活动，典仪盛大。[①] 除此之外，张衡在其《西京赋》

① 涂传飞，余万予，钞群英．对民俗体育特征的研究［J］．武汉体育学院学报，2005（11）：6-9.

中详细地描述了多种舞龙表演活动。如果说商代是舞龙运动起源的温床，那么，真正的舞龙形式的习俗运动开始于汉朝，盛行于唐宋，然后历经数代而不衰。现如今，在赣南、闽西、粤北、东南亚等地区也出现了改进版具有祭祀与娱乐意义相并的民俗体育运动，得到了当地人们的喜爱。

流传于赣州市上犹县营前镇一带的“九狮拜象”的前身是“龙狮舞”，民间舞狮的习俗最早起源于三国时期，流行于南北朝，盛行于唐宋，历代不衰，至今已有一千多年的历史了。而真正的“九狮拜象”民俗体育活动起源于明末清初，是广东、福建等地发展起来的大型灯彩表演活动，距今已有300多年的历史了。原本是为了显耀家族势力，后逐渐淡化了姓氏色彩而逐渐演变成祈福、驱邪、歌功颂德和展示喜庆娱乐的内涵，经过历代的传承和发展，其娱乐的性质也在逐步加强。

在此意义上，说明客家民俗体育文化不仅具有鲜明的历史性，而且还具有顽强的传承性，就是这种代代薪火相传的惯性，才使得客家民俗体育呈现出一片欣欣向荣的景象。

2. 地域性和融合性

我国地域辽阔，各民族所处的环境、基本的生产方式和生活习俗都不相同，各种文化特质也都千差万别，民俗体育中的各项活动都展示了各民族各地区的习俗和风韵。各个地区的民俗体育项目都在自己特定的地理环境下形成的属于自己的一个独立的民俗单元，都有自己独特的民俗风情。例如，仅一个舞龙民俗体育运动，就有广东梅州丰顺埔寨的舞火龙、闽西姑田的游大龙、宁化的草龙、泰宁板桥龙、湖南汝城香火龙、江西宁都南岭竹篙火龙、四川洛带客家水龙等。但即便是一个地区的风俗，也有“五里不同风，十里不同俗”的说法。比如，仅闽南地区的舞龙形式就有布龙、纸龙、板凳龙、火龙、稻草龙、四堡“拔龙”等不同的形式。这些都形象地表现出了客家民俗体育鲜明的地域性特征。

与此同时，客家民俗体育项目在保留各地地域特色的同时，也吸收融合了其他地域民俗文化的特色，表现出了多元化的融合性。比如，今天在赣、闽、粤客家地区流行的民俗体育活动傩戏就有畲族、瑶族等少数民族体育文化的痕迹。例如，傩舞渊源久远，甲骨文中就有傩祭的记载，在周朝时形成，沿袭与秦汉和唐宋时期，明清时期发展成为祭祀和娱乐双重功能的民俗活动。它是多元宗教文化、民俗文化和艺术文化的融合体和复合体，在漫长的历史中，吸收儒释道文化因子，壮大了自己的傩坛威力，[①] 丰富了自己的驱鬼仪式，扩展了自己的思想娱乐功能，最终糅合了现代元素，兼容并蓄，吸收创新，形成了多元文化的融合体。至今，江西的婺源、南丰和乐安等县的傩舞已申请成为非物质文化遗产项

① 翁利．中国傩面具的发展和艺术表现形式［D］．南京：东南大学，2008.

目，得到长期的保护和传承。

3. 节庆性和多神信仰性

首先，民俗体育文化作为文化的一种形态，具有相通的依附节日性，客家民俗体育文化亦是如此。大型客家民俗体育文化的举办只有在特定的春节、元宵节、中秋节、端午节等节日中进行。它作为一种活跃的精神文化形式丰富了客家人们的节日内容，满足了人们对精神文化的需求，彰显出明显的节庆性。

其次，客家民俗体育活动在开展的前期，客家人都会对他们认为的神灵进行祭拜，则祭拜的对象既有龙神、玉皇大帝、将军、土地神、神农大帝、山丘神明，还有自己的祖先和各路英雄人物的灵魂等，只要是客家人认为的神灵，他们都会去敬拜，表现出鲜明的多神信仰性。

例如，赣南地区的舞龙竞技运动在开始前，要将龙头放在神庙里，他们认为这样安排龙头就可以吸收神的灵气，才有力量保佑自己。在龙舟竞技前，要有一个盛大的请龙头仪式，由穿着道袍的道长从龙头开始顺着龙身把公鸡血沾在龙船上，一圈之后重新回到龙头，把沾满公鸡血的纸钱塞到龙嘴里，寓意来年风调雨顺，财源广进。

现如今，最具有宗教色彩的客家民俗体育项目莫过于傩舞了，它是一种祭祀性的原始舞蹈。它吸收了儒家因果报应思想、道家的五行观念和释家普度众生等观点，兼收并蓄，形成了巨大的神灵体系，展示了无穷的威力和多元宗教文化魅力。傩舞中的面具则被赋予了具有神灵色彩的载体，有假面、神像、圣相、头盔、鬼面、脸壳等，[①] 面具拿出使用前要进行开光仪式，使用后放入要进行封箱仪式，人一旦戴上面具，就表示神灵已经附体，不能随便讲话和行动，充满了神灵之气。赣南地区的傩神，也就是现在的面具主要有有紫微大帝、太白金星、真武大帝、八仙、刘海、张天师、马（灵官）赵（朗）关（公）温（琼）四天将、六丁六甲等道教神仙和护法神将，也有如来佛、弥勒佛、观音、金刚、阎罗、目连、十八罗汉、四大天王、哼哈二将等佛教菩萨和护法神；还有韩擒虎、寇准、范仲淹、包拯、秦叔宝、尉迟恭、华佗、孙思邈等儒家人物和英雄神将。各地傩坛供奉的主神也各不同，南丰有祈求人丁繁衍的傩公傩婆、钟馗；萍乡的是店、周、葛二将军，婺源的是八十太王；乐安的是清源真君；上甘村的是灌口二郎等。[②] 只要是能祈安、求福、消灾解难的诸神，他们都统统的兼收并蓄，并融入自己的信仰生活中，形成信仰。

4. 娱乐性与竞技性

首先，客家民俗体育活动的开展大多是作为一种娱乐活动的性质进行的，其主要的目的是自娱自乐、沟通情感、增强群体凝聚力。这样一种集表演、歌舞、

---

① 傩舞［EB/OL］. http：//baike. baidu. com/view/109991. htm.

② 客家足迹行［EB/OL］. http：//news. cntv. cn/special/kjzjx/.

趣味为一体的生活文化方式可以使客家民俗体育活动本身具有较强的娱乐观赏价值。人们在喜庆的节日中，通过开展的民俗体育活动游走于大街小巷，自由洒脱地与人沟通雀跃，充分地表达出自由洒脱的精神境界、温和友好的人际态度和休闲淡雅的幸福理念。对于他们来说，这就是一种精神的享受，是一种休闲。例如，春节的舞龙舞狮、九狮拜象、闹社火、过花朝、扭秧歌和鞭春劝农，清明节的踏青郊游、荡秋千、放风筝，重阳节的登高、太极、垂钓等民俗休闲活动就是娱乐性质的真实写照。

其次，客家民俗体育活动本身还具有较强的竞技性因素。例如，闽西罗坊乡的“走古事”运动就是七棚200公斤的古事棚，由20名参赛男性抬起，按照规定的圆形或“8”字形路线进行竞跑，以最快到达目的地的一方为胜。比赛过程中，锣鼓、唢呐的伴奏和烟花爆竹及人们热心呼喊的象征，呈现出一种气势恢宏、热闹祥和的气氛，凸显了“走古事”运动极丰富的观赏性和竞技性。

扁担接力是赣南地区客家人在农闲时节最喜欢的一项民俗体育运动。由夫妻双方或一男一女为搭档，挑起一旦足够重量的扁担，围绕前方的障碍物进行“U”形赛跑，由最快到达目的地一方为胜。比赛过程中，有选手双方因无法驾驭平衡性摔倒的，有因速度太快而遗落另一方的，人们在呼喊的过程中尽享运动本身带来的欢乐，具有鲜明的娱乐竞技性特征。

总之，客家民俗体育文化是集祭祀、娱乐、竞技为一体的休闲健身项目，内容丰富多样。根据其开展的形式和目的来看，可以分为宗教祭祀类、节日庆典类、强身健体类和竞技类四种，展现出其鲜明的历史性与继承性、娱乐性与竞技性、地域性和融合性、节庆性和多神信仰性等特点。

第二节　客家民俗体育文化中的道德观探析

客家民俗体育文化历经数代而不衰的深层原因为其文化背后所蕴含的丰富的理性思想精髓，包含着很多为人处世的哲学和智慧，比如，对生命顽强的追求，对尊老敬老、礼仪互助的奉行，对家的热爱，对公平自由的向往，对自我超越的执着，对人性的理性释放等，这些都对现代和谐社会的建设具有重要的现实意义。但是客家民俗体育文化中还包含着一些不良的价值理念，比如对个人利益的追寻、对神灵的虔诚敬畏等道德理念要进行科学理性的分析。总的来说，客家民俗体育文化中的道德观主要在社会层面、家族层面和个人层面得以全面的展现。

一、社会层面

任何民俗文化的发展都逃脱不开社会大背景的存在。魏晋南北朝时期，社会动乱，统治者为了巩固政治，积极倡导佛学，以作为其统治人们的精神工具。当时，客家先民也受其影响，苦于战乱和动荡，他们也希望在满足基本生存需求的基础上，精神上也得以安慰。于是具有等差之爱的孝、礼文化和万物有神论便在民间扎根开来，并成为了统治者维持社会秩序的重要行为规范，客家人的思想亦受到其社会大背景的影响。

（一）孝礼道德观

首先，客家民俗体育中无论是闲暇的娱乐活动还是具有竞技性质的活动，都突出地表现为“尚中贵和”的思想，实现了生命力与理性的统一。这种统一表现在：一是自愿出钱或出力为活动的开展做贡献；二是存在矛盾冲突，但却可以合理调节。任何一种民俗体育文化都离不开人这个主体的存在，而在共同体的生存方式下，个人会和他人、社会发生这样或那样的联系，为了获得他人的认同和获取更好的生活空间，个体之间就会产生矛盾冲突，倘若毫无调和，就会同归于尽，但要获得双赢的局面，就需要人与人之间相互理解、帮助和关心，达到和睦相处的地步，而这种相处的方式和基本的价值观念在道德层面上就体现为以孝、礼为核心的仁爱道德观。

例如，最早的“走古事”运动都是按照一人一块钱、一斤米和二两黄豆的标准来出的，而吃饭所需的菜是从别人的菜园里随意采摘的，不管是摘哪家的菜，都没有人讲，人们都积极地为活动的开展献出自己的一分力量。在活动结束时，村民会热情地邀请来客到自己家中用餐，与他们谈论自己的生活，实现情感上的交流和互动。另外，“走古事”是竞技性民俗体育活动，为了比出实力，大家都是手脚并用，我不让你，你不让我，既要维持前进的速度，又要承担肩上古事棚的重力，还要配合其他人的步伐，掌握方向，可谓是十足的不易，“走古事”路过之地一般是“地动山摇”的。最早的“走古事”是以房族为单位进行的，走的是实力和势力，走的是面子，哪家赢了是很开心，但是输的人却很不服气，有时甚至到别人家去打架，无赖似的迫使别人重新比赛，这就给赢方带来了巨大的困扰。现在的“走古事”已改变了以房族为单位的缺陷，取而代之的是以生产队为单位，这样走的便是热闹了，因为在一个大家族内，输赢已经是个小事了，观念是图个顺意，图个乐呵。

其次，客家民俗体育文化中存在着明显的宗族观念和尊老爱幼的礼仪制度，这在道德观中就体现为仁爱和谐的道德观。例如，一项民俗体育活动的开展，首先需要请村里面年龄最大、最有威望的老人对此次活动举行的安全路线、资金筹款和组织形式等问题进行商讨和安排；他们不直接参与活动，却也在活动初始由他们在祠堂前祭拜祖先和神灵，在活动中协调对内或对外的矛盾冲突等，只要是由威望的老人出来解决，年轻人一般都会遵守，这就充分地体现出客家村民对长者的尊重和孝顺，他们不以自我为中心，而是尊敬师长，孝敬双亲，谦良恭让。

例如，江西板凳龙是以板凳为龙身支架，以十二生肖的字画围绕龙身，板凳龙游街时，靠近龙头的位置要由年长者抬举，意味着对长者的尊重和对家族来年的吉祥寓意。再比如，江西永新盾牌舞的宗教祭祀仪式要由村里的年长者拿三炷香，带领大家向宗王牌作揖之后，才在鼓乐和鞭炮声中开始表演。

总之，客家民俗体育文化中的仁爱道德观是客家群体和当地群体整体利益的道德概括和反映，是人与人之间关系的价值判断。每逢佳节，客家人就会有很多表达孝思和浓郁血缘关系的祭奠活动，体现了他们对已逝人员的思念和感恩之情，这些尊老、互帮互助、理解关心、邻里和睦的和谐道德元素，现已成为一种内在的思维信条去促使客家人及民俗体育更好、更长久的发展。

（二）神权道德观

黑格尔认为，民间艺术的起源与宗教联系最为密切。确实如此。民间习俗形成的主要原因是生产力比较落后，人们对于无法驾驭的现象找不到科学的依据，于是便寄托第三载体的神灵来改变这种现状，但要想得到神灵的救赎和庇护，就需要人们虔诚地歌颂其威灵，赞颂其公德。

对神的崇信是客家民间的普遍现象，他们认为神明是存在且有灵性的，要想获得更好的生存空间，就需要对神灵进行虔诚的崇拜，于是，在每年的岁时节日里都会举行各式各样的祭祀活动。然而，客家先民供奉的神明有很多种，既有佛教的观世音菩萨，道教的玉皇大帝、三官大爷（天官、地官、水官）、城隍、土地神、神农大帝、玄天大帝、门神、财神、灶神……，民间的妈祖、山丘神明、三山国王、风水先生，还有祖先和各路英雄人物的灵魂等，只要是能祈安、求福、消灾解难的诸神，他们都统统兼收并蓄，并融入自己的信仰生活中，形成多神信仰的道德观。在客家民族村落中，最常见的就是祠堂和庙宇，各家也都装有佛案神龛，供奉家中的守护神，以祈求家庭平安，来年生活更幸福。

福建连城姑田镇的“游大龙”在2008年被列入“国家非物质文化遗产”名录。就习俗文化来说，姑田镇的“游大龙”活动在开展前一直保持着迎接地方保护神的习俗，即他们嘴里的“公爹”。通常在大年初一开展由龙头组成的锣鼓队去迎接地方上的保护神的习俗，在当地被称为“开天门”。无论神位大小，都需迎接，大的轿子抬，小的用手抱，整夜都是灯火通明，人声鼎沸。正月十五当天最为隆重，游行者会按照一定的习俗规则作为指挥信号迎接“出案公爹”（即最大的地方保护神）的到来，当“出案公爹”被抬出来时，需要先到龙头处，然后再到龙尾处，而擎着龙身的人则需要在龙的腹部开设机关，变会有小孔形状的门出现，人们可以在其上面装上蜡烛和“油香”，当这些步骤都全部完成后，人们就可以祭祀神龙了。

江西省赣州市的端午龙舟竞技赛到现在已经有一千多年的历史了。鉴于对龙神的信仰，每年的端午节，赣州的客家人都会围绕着龙为主题，举行一系列的民俗活动，于是，龙舟赛便成为当地最受欢迎的民间赛事了。赣州市章贡区水西村的龙舟赛开始前，当地的客家人要进行一个非常庄重且严肃的龙舟祭祀活动，即请龙王、祭龙首、安龙头等。供奉水西村龙头的地方是他们的杨公古庙，里面供奉着他们信奉的杨公、赖公和萧公三大神尊，他们相信将龙头和他们的神尊放在一起，可以得到龙神的庇佑。由于水是当地村民的生存之本，于是祭龙王对于他们来说有非常重要的意义，每年农历四月初八之后，当地村民会选择良辰吉日进行敬拜水龙王，吉时，龙头被请出杨公庙安放在龙舟上。之后，便是很重要的祭祖仪式了。由穿着道袍的道长从龙头开始顺着龙身把公鸡血沾在龙船上，一圈之后重新回到龙头，把沾满公鸡血的纸钱塞到龙嘴里，寓意来年风调雨顺，财源广进。与此同时，江西省龙南县的杨村镇龙舟赛的请龙神活动，按照习俗是由两百多人拿着鸡肉、鱼肉、猪肉和客家米酒来到龙神庙，由当地长老将鸡血淋到庙里的两个龙头上，意为向龙神献祭，然后龙头被请出庙放在池塘边的亭子里供村民祭拜。至此，请龙神活动就已经结束。他们相信，粘过龙气之后的客家人在来年会风调雨顺，平安幸福。

另外，以中国东南沿海为中心，包括东亚海洋地区居民把妈祖（即天后娘娘）作为他们信奉的海神，最早是从福建湄洲传播开来。经过千百年来的发展，全球各地天后宫的数量和规模都极为惊人。客家人逢年过节对妈祖文化的虔诚敬奉更是大张旗鼓。客家人在祭拜妈祖之后，还要舞龙舞狮以讨吉祥，他们相信，妈祖会庇佑着他们过上越来越好的生活。

总而言之，民间流传祭祀活动实质上都是人们对于当地神明信仰的一种外化形式，以寻求心理上的安慰和美好生活的寄托。客家民俗体育文化的宗教色彩比较浓郁，蕴含着丰富的多神信仰，即多神道德观。

二、家族层面

客家人的衣冠南渡，基本上都是一个家族和一个庄园为主体进行的集体南迁，受当时经济实力的影响，平民的小家庭一般也追随于他们才能得以生存。他们聚族而居，勤劳开垦，耕战结合，家学相生，体现出了极强大的民族凝聚力。

（一）生态道德观

客家人的生活文化习俗是客家人世风下的直接延伸物，当时为了逃难的客家人在南迁时一般都在环境恶劣的地区生存，在生产力极其低下的情况下，客家人只能依靠着现有的资源，变化形式地去满足自己生产和生活的需求。这既是一种无奈的被迫之举，也是一种崇尚自然资源以达到身心和谐的生态价值观。具体来说，客家民俗体育文化的生态道德观点即在于身心关系的复合调和、崇尚自然的精神资源、天人合一状态的和谐。

首先，客家民俗体育文化中的身心关系的复合调和指的是客家人自身与外在生存抉择、认知偏差、社会理想等元素在意义上的一种调和。他们通过自己的双手和体力在田间劳作，他们以娴熟的技巧和丰富的智慧创造出天地间的绿色生灵并与之和谐相处，以满足其自家生活的需求和自我精神价值的提升。例如，扁担接力是客家人在闲暇时间最喜欢的休闲娱乐活动，不论男女都可以参加，有时还是以家庭为单位，丈夫先用扁担将事先被米填满的箩筐挑起，之后一声令下，参赛人员全力向前跑去，绕过中间的障碍物之后再返回至起点，将扁担交给自己的妻子或其他同伙，以占用时间最少的一组为胜。在奔跑的过程中，有的组员因只求速度而没有调整好扁担的平衡而将米洒出或摔倒。大家在这种趣味性游戏中笑声不断，身体和心灵都得到了极大的锻炼和提高。

其次，客家民俗体育文化中蕴含着崇尚自然的精神资源，它的存在即是高层次生活和低消耗能量的并存。对于客家人来说，这就是他们最优越、最常行的日常生活模式。例如，赣南地区的“九狮拜象”中的一龙、九狮、一象和一麒麟都是由日常的生活用纸加以艺术的点缀制作而成的；连城姑田的“游大龙”是以杉木板、毛竹、宣纸为基本的材料制作而成的；每年八月十五最红火的“竹篙火龙节”主要采用一米两丈长的竹筒扎出龙骨，用一米长的竹筒扎出龙的分支，然后用一种普通的红色草纸将其捆绑结实，再用燃点较低的山茶籽提炼的油浸染小木棍，形成火把。除了此种用竹筒做的龙之外，还有用收割的稻草或麦草、家中的板凳、地里的竹条、铁丝、上层蒙布或糊纸，用彩色颜料绘制成龙形等。这些原材料都是从日常的生活中取材，来自家中或田间地头，是一些简单低耗能的材料，展现出了他们高层次的生活品质。

再次，从哲学的层面上来讲，客家民俗体育是一种有生命、有精神的“自然—社会—精神”的统一体。这种天人合一的生态和谐是客家人最人性化的和谐。这种和谐不是以激昂、进取和扩张的方式进行，相反是以平静、祥和和淡泊的状态去实现进取向上和恬静闲适完美结合的一种理想境界。从客家民俗体育分类中可以看到，节日庆典性和农村祭祀性活动项目较多，而竞技性较强的项目较少。客家武术便是其中一个。客家人崇尚武术的原因是基于现实生活的需求，旧社会里，一个人身体健康、力量强大就可以在恶劣的社会环境下获得更大的生存空间，制止争斗，获得别人的尊重和赏识。现如今，客家地区的武术与体育运动会的武术不同，它摒弃了对别族人员的血腥对抗，也不像竞技武术那样把输赢看得重要，它的存在是与当地的民俗文化相结合，注重攻防技巧的展示和心灵精、气、力的转变，变成了集健身、休闲、养生为一体的闲适运动，凸显出了社会环境下依据自身的变化而达到物我境界的和谐之美，这就是本书提出的生态道德观。

以上所言的是客家民俗体育文化中的生态观念，但回到最初出发点，这些以普通民众为载体，旨在自娱自乐的民俗体育本身，更是一种生态性的民间体育。这种未经过任何改变和加工过的民俗，保留了它原生态文化的原真性。从此种层面上讲，那些掺杂着宗教、艺术、服饰、生产、音乐等生态项的客家民俗体育，在如今看来，有着明显的生态意识。

（二）爱家道德观

一个民族之所以存在的根源在于对生存的需求，这种需求扩大化便成了对家庭和家族的需求，进一步扩大化变成了对国家的需求。客家，一个经历过大风大浪的族群，由于颠沛流离，历经艰辛，家庭的稳定和繁荣是他们最大的心愿。也就是说，客家人传统的机制理念是以家族的生存发展需求为基本尺度的。浓重的家族意识构成了客家民系精神内核的一个重要方面。这种家族意识突出地表现为其强调家族延续、团结和富裕的意义和价值，还表现为家族成员间相互依赖、为家艰苦奋斗等价值取向。

武术是客家民俗体育文化中一个成熟的文化载体，包含了较丰富的爱国爱家思想。从客家武术产生的历史渊源可以看到，一是客家人居住的地方环境比较恶劣，为了获得生存资源便会与其他的居民或土匪发生械斗，在没有科技的依赖下，若想维护自身的利益，便要单纯依靠个人和群体的力量，一个人或一群武功高强的人便成为一个族群的重要支柱。所以，客家族群要想不受别人的欺负和压迫，就必须要强大自己，也就是族群内人员要有足够保护自己和家园的能力，从这点出发，最早的客家人就很酷爱武术，修炼武术之气成风。现在，客家武术的功能已经由原来的保卫自我、抵抗外侵到现在的休闲娱乐和修身养性进行转变。

除了客家武术之外，客家春节、元宵节、中秋节时举办的民俗体育活动中几乎也都充盈着一种思亲和期望团聚的家国之情。比如，客家端午节的龙舟竞技赛。在客家人眼里，端午节是团圆的节日，许多春节时外出打拼的客家人可以趁端午节这个假期回家看看，跟着家乡的亲人参加请龙神、赛龙舟的活动，感受节日气氛和家庭的温暖，蕴含着极其真实的爱家情感。

赣南地区白鹭村有一特色的客家民俗体育活动——抢打轿，所谓的打轿其实就是一种井字形的木架，但由于被当地人赋予了发财和添丁的寓意，于是当地人在每年的正月初七乐此不疲地举行着。活动开始时，客家青年男子精神抖擞，赤膊上阵，在三起三落重重的打轿声中，客家人开始涌出祖祠，开始了抢打轿的过程。那些想要添丁的家族成员就会使出浑身的解数，迫切地想要领到抢打轿，对于他们来说，轿落户哪家，就会给哪个家庭带来好运。从人类学的角度上来讲，抢打轿活动体现的是客家人对自己家庭兴旺繁衍的一种渴求，其最根本的思想还是保护、繁衍自己的家族，兴盛自己的家庭。

另外，客家人每到一处都会集全族群的力量建立自己家族的祠堂，即作为一种亲情的联络点，又作为客家族群最高的机构进行商谈要事等。但是在每年的节庆日时，无论是国外客家人还是国内客家人，他们都会去自己的姓氏祠堂进行拜祭，这时，祠堂变成了一个具体的物像，成了他们的一种温馨寄托，表达出他们强烈期望团聚的思家之情。简而言之，客家民俗体育存在的深层思想中普遍存在着爱家情感，他们以外化的生活方式和身体方式去表达自己的内心渴求，传承着最原始的道德情感和文化理念。

三、个人层面

从个人的层面上来讲，客家民俗体育文化出现的直接原因是为了满足自身的生存和生活需求。他们勤俭节约、重耕重教、开拓进取，本质都是为了自己能更好存活下去；他们开展一些民俗体育项目也是为了维护自己家族的名望，满足自己精神方面的需求。

（一）生命道德观

客家作为汉民族的一个分支是组成社会群体的一个有机单元，它作为一个群体性的生活文化亦是社会道德元素的活态源泉，是一座巨大的精神宝藏，体现着客家人的价值观念和追求。从客家和客家民俗体育的形成渊源来看，其本身都拥有强烈的美好生存欲望，这是客家人立足于这个世界的内在精神根源，也是这个群体凝聚力的充分体现。这种具有浓郁生命色彩的生命道德观一是体现在生存需求和顽强的生命毅力层面，二是体现在追求生命意义和提升生命价值的层面，三是总体上具有的强大生命力层面。

首先，客家祖先南迁不是单个的迁移，而是群体性或族群性的迁移，这种互帮互携、团结在一起为争取更好生存空间的行为就直接地表现为集体主义生命道德观。在他们看来，只有活着才能有权利追求更好的生活。于是，在那动乱年代和长途跋涉迁徙的过程中，无论多么艰辛，他们都会咬牙坚持，想方设法地创造条件去实现心中的美好愿望。与此同时，作为生活文化模式的客家民俗体育也鲜活地体现出了这种艰苦奋斗、团结协作和开拓进取的生命道德精神。经过长期的演变后，那些彰显着勇气、进取、团结、包容、质朴等气质的客家品质便在其日常的体育活动中得以展现，风格迥异、形式各样，亦被人们逐渐认识、接受和传承。

据史料记载，闽西罗坊乡“走古事”活动盛起的原因是古时罗坊乡旱、涝灾害长年不断，造成民不聊生。有一年，一位姓罗的县令退休后回老家，闲聊起他在别处见到“走古事”的热闹情况，引起了罗坊乡长辈们的好感，通过县令的讲解，当地人也自发地开展起了“走古事”的活动，大家都认为“走古事”是好事，可以摆去过去一年的晦气，带来新一年的福气，可以风调雨顺，国泰民安，获得更好的生存和生活空间。除此之外，“走古事”运动还受地理环境因素的影响。究其原因，罗坊乡四周由高山环绕，而高山的主要成分是石灰石，古代社会，村民在山上搭建木制房屋，结果很容易起火燃烧，于是村民认为石灰石是属火的，是造成火灾的主要原因，于是开始借助于每年的“走古事”活动区化解这里的地理环境灾害，寄托出了村民的美好愿望。现在的“走古事”运动已经成为集音乐、艺术、服饰、竞技为一体的综合观赏性运动形式了，其本身开始讲究动作的协调和与服饰音乐的融合，讲究在喜庆的节日中烘托出欢快、红火、祥和的氛围，展示出顽强的生命力。

其次，在节庆时节开展的任何客家民俗体育活动，如闹花灯、放河灯、放孔明灯、秧歌、踩高跷、武术、烧瓦塔、舞龙舞狮等①都来源于日常的生活中，休闲是客家人最本真的生命状态。其实质不论是维护自身生存意义的追求还是满足精神文化的需求，都是对客家生命力的一种维持和扩充，亦是对生活的充实和扩展。这种由最基本的生存到中层的生命形态再到高层的精神追求就是客家人自强不息的生命道德观。

再次，从整体上来看，客家民俗体育活动比如武术，更注重形神、内外、阴阳和动静的有机结合，这种对心灵自由意境的追求，日益成为客家人应对挑战、增进健康的一种精神状态，它蕴含着客家人外柔内刚的性格色彩、团结合作的道德精神和力争上游的民族特质。他们渴望过上祥和、宁静、幸福的生活，正因为如此，大多数客家的民俗体育活动依附于节日庆典的形式开展，他们通过自己的方式旨在满足人们的休闲娱乐需求，体现出一种轻松愉快的活动状态，这其实也是人们对自我定位的一种寻求。因为人们在参与活动的过程中可以体味到群体的凝聚力，产生一种集体归属感和快乐感，然后突破民俗体育形式的禁锢，转化为在实际的生活中对快乐和幸福孜孜不倦的创新追求。从宏观上来说，这亦是一种富有强大生命力的表现，体现出生命道德的观点。

（二）利己道德观

客家民俗体育文化发展到现在，既保留着自己的元素，也融合着其他的元素，它在符合社会发展的同时也在不断变化。在新型的市场经济下，客家民俗体育文化也在不断变得商业化，在一些人身上，利己因素和拜金因素也在不断体现着。

首先，伴随着社会主义市场经济的发展，许多客家民俗体育活动面临着濒临

① 吴玉华．赣南客家节庆民俗体育及其文化特征［J］．赣南师范学院学报，2011（6）．

失传的危险，比如，客家地区的刘家拳、舞狮、傩舞等古老的客家民俗体育也面临这样的现状。究其原因，一是因为现代科技力量的普及，使人们的娱乐方式得以转变，客家民俗体育文化失去了原先存在的社会生存环境；二是，因为客家民俗体育是一项口传心授的过程，由于不能快速带来经济利润，如今大部分的年轻人不愿意传承和学习这样的民俗体育文化。新形势下，客家年轻人大多都进城务工，留下来传承客家民俗体育文化的人屈指可数。

其次，与过去相比，人们开展客家民俗体育活动受到一定经济利益的冲突。据客家当地的老人回顾，以前开展客家民俗体育项目都是一种自主、自愿的行为，那时大家免费捐钱、捐物，开展的兴致很高。而现在，随着政府非物质文化遗产的保护，对每一项濒临灭绝的文化遗产给予一定的开展资金补助，于是现在的客家民俗体育活动自觉和自愿的力度已经得到了大大的缩减。即便现在有人愿意学习这门技艺，也主要是看到以后的发展前景，最根本的是能给自己带来一定的利益，否则他们也不会这么去做。

总之，客家民俗体育文化的发展既存在着生存的空间和社会背景的变化，也存在着技艺传承人的较少和商业化社会下，人们对经济利益的追逐，凸显出一定的拜金主义性质，归根结底，就是利己心理在作怪。这是新时期社会经济下的产物，需要我们用理性的观点去看待。

第三节　客家民俗体育文化道德观的评价

马克思主义唯物史观认为，社会存在决定社会意识，社会意识对社会存在具有能动的反作用。社会存在主要指的是社会生活物质资料生产方式，而社会意识指的是包括道德思维、价值理念、宗教、艺术、哲学及风俗习惯等在内的社会生活精神层面。在漫长的历史发展变革中，客家人的道德是客家的精神意识，是致力于解决现实生活中矛盾冲突的方法论和原则。这些都是客家人在一定历史时期的思维产物，凝聚了他们长久思想价值的道德智慧，现如今，我们应该把它放在当时的社会关系中进行历史性的考察和理性的评价，实事求是的估量它在当时生活中的作用并吸收其精华，让它与时俱进地为现代和谐社会的发展起到一定的借鉴或促进作用。

一、积极道德观

客家民俗体育文化中蕴含着丰富的道德观，总括起来，包含着尊老敬老的善行、团结友爱的精神、顽强进取的意志和奋发向上的意念等。而这些，在现代社会中通通都属于积极的道德理念，对促进我国家庭美德建设、社会和谐风尚的形成等具有重要的价值和意义。

(一) 孝与感恩的理念

马克思主义唯物史观认为，社会存在决定社会意识，从这个层面上讲，客家民俗体育文化中尊老敬老之孝文化理念的存在必也有其存在的社会原由。

首先，受外在社会环境的影响。客家先民的主体是中原汉人，汉朝时期，为了适应封建王权的需要，董仲舒的以“孝悌”为核心的儒家思想受到君王的推行，于是，孝成为统治阶级维持社会秩序的重要行为规范和加官晋爵的一个重要的考量指标。与此同时，民间还出现很多兴办学堂以宣扬儒家行孝悌思想的讲学，客家人在当时儒家孝文化思想的熏陶下，思想境界也在相应的发生变化。至此，儒家文化成为客家生活中的主流文化，并被广泛地践行，当时民间出现大量以孝道为主题的故事和五世同堂的现象。他们相信，百善孝为先，孝可以感天动地，也相信，不孝会遭人唾弃，会受到相应的严惩。

其次，国家的动荡给客家人的生存带来一定的危机，客家先民就不得不以小团体和家族的形式进行迁徙。由于在迁徙的过程中经受了常人无法想象的苦难，客家儿女也亲眼目睹、亲身感受了父母与长辈在整个过程中为保护自己而做出的努力，于是内心油然而生的感激之情便溢于言表，这种艰辛的生存意识在他们的思想中延伸出了很多注重伦理、重教化、重善行的行为模式。在实际生活中便做到的是尊老爱老、知书达理、互帮互助等行为。对于当时的他们来说，尽孝道不仅是内心对父母和长辈的感恩，更是一种增强群体生存的意念，这种奋力拼搏的意念带给客家人的不仅是一种民族的自尊，亦是一种民族的自立和自信。这在当时情况下，他们从人性内心最真实的情感出发去维系自己的生存和利益，是客家人的一种生存的智慧，更是一种生活的境界。

简而言之，客家人的孝文化在一定程度上还受到封建等级思想的影响，有其存在的社会弊端因素，但当时却对凝聚族群力量、稳定社会秩序、开拓创造新的明天起到了重要的作用。如今，我们应该理性、科学、与时俱进地学习和继承孝文化，让这种积极的思想意识反过来促进社会的和谐发展。

传统的孝道扎根于中国的文化土壤，立足于家庭和谐，具有强大的感召力、亲和力和说服力。现如今，孝道依然作为传统文化的基本道德元素被人们所倡导和遵循着。孝道作为爱的本源，构成了人际间庞大的精神体系。当代社会，我们应该在此基础上建立起新型的孝道观念，建构起孝敬、平等、保障、共享及和谐的孝道理念及时代精神，才能在老龄化社会日趋严重的中国搭建起一座和谐的桥梁，对于推进全球老龄事业及老年人的生命质量和社会和谐等方面都具有深远的意义；也只有大力弘扬孝道文化，才能促使个体本身的道德自醒，形成感恩、尊重、爱国、敬业、诚信、友善的道德品质，进而建立起社会主义核心道德价值观。

（二）积极向上的精神

一个民系由隐到显、由蛰伏到成形，由弱势到强大的主要原因在于其内部成员的心态及自信自尊精神的支撑。客家民俗体育文化中一直贯穿的主线就是客家人执着向上的拼搏精神。这种执着向上的拼搏精神不仅表现为其顽强执着的生命意识，还表现为对修身养性的精神追求。

首先，作为颠沛流离、辗转迁徙的客家人来说，活着是他们最根本的需求。那部用血泪和苦难浇筑的历史造就了客家人独特的生活方式和顽强的生命力，无论条件多么辛苦，他们都不自暴自弃，努力改变自己以适应环境。他们辛勤劳作、节俭生活，自力更生。那种自立、自强又自信的精神是他们穿越困苦、开拓进取的精神动力。客家文化因此也积淀了奋发向上、勇于创新、开放包容等积极向上的精神。为了操持养家，客家妇女就无缠足的习惯，他们把这种自力更生的积极精神内化于心并落实于行，目前全球各地的客家人无论从事什么样的职业，都敢作敢为，用真实的行动去开拓者着自己的美好生活。

其次，伴随着不断追求物欲的满足，人们的心灵也逐渐地放纵、虚无和轻浮。但是客家人却依然洋洋洒洒地在内化着自己的人生，享受着大自然带来的清新和浪漫。每年的春分时节，大家都习惯去郊游和踏青，这在北方是很少见的现象。除此之外，赣闽粤地区的客家人更注重养生，每天早晚，当地人都会自主或结合在一起开展太极、武术、绣球、垂钓等休闲娱乐活动。由此可见，客家人在追求物质的同时，更注重精神境界的追求，这种与世无争、修身养性的观念不仅是积极向上、奋发进取的精神，更是一种调和适中的心态，是一种生活境界。

现在看来，客家人拥有坚忍不拔和奋发向上的精神是受当时复杂和恶劣的环境所逼迫而做出的选择，是对生存的抗争，也是一种卑微中的韧性。现代社会的发展和客家文化建设，依然少不了富含勤劳进取、自强不息、艰苦奋斗等积极向上的客家精神，这是客家人创造生活、享受生活的健康人格力量，需要我们不断地主动探索、努力开创、积极培育，让这种积极向上的精神发挥更大的时效。

（三）团结竞争的意识

客家最浓厚的血缘和宗族意识衍生出客家民俗体育活动，例如走古事、龙舟竞技、扁担接力等都是以团体的形式进行的。对于他们来说，举办的越是隆重，越是显得宗族的兴旺繁荣，也寓意越红火。这是客家人最初的意识观念。比如，具有客家特色的走古事运动就是由七棚古事棚相互竞走，每棚古事要有 22 名青年男子轮流抬起穿街走巷，然后在一个固定的广场进行六圈“8”字形的赛跑。由于每棚古事重两百公斤，所以一场古事开展下来，将近要几百号人甚至上千号人参与这项运动。在速跑的过程中，既要掌握古事的方向，又要赶超前面一棚古事，预防后面一棚古事超过。因此，古事竞跑的好坏既在于其扛头扛尾人员和外围人员的安排，又在于全部人员步调是否统一一致和交接是否流畅，只有前后呼应、内外配合，才能达到最好的效果。由此可见客家人团结协作的意识。在他们的观念里，团结的力量是最大的，只有集大家一身的力量才能战胜妖魔鬼怪，才能彰显自己的势力和能力，争取幸福美好的生活。

这种时代传承下来的民俗体育活动实际上是在传承其团结竞争的民族灵魂，是人性善行的体现。这种意识虽然最早也是用于宗族间团结力量抵抗外侵，维护自己的利益所需，其实也体现了公平、自由和对美好生活的向往。他们以自己的形式团结在一起，应对生活中的困苦和磨难，彰显自己的气势和力量，是一种生活的防御模式。这是一种思想上进步，也是一种对自我的超越。

目前，社会主义市场经济下，团结协作的精神和竞争创新的意识是现代社会对现代高素质人才的要求，它在增强团队凝聚力，提高工作效率，提升创新能力，带动人际关系等方面具有重要的现实意义。

二、消极道德观

客家民俗道德观中除了一些积极的道德元素之外，还出现了一些消极的道德观，比如客家民俗体育中的宗教色彩、等级观念，虽符合当时的社会环境，但是在快速发展的现代社会中却是站不住脚的。同时，伴随着社会主义市场经济的发展，客家人的民俗体育项目也相应地向商业化的趋势发展，在一些客家人中也出现了浓烈的拜金主义倾向。需要我们理性地看待并不断地修正和开拓创新，现代社会和谐发展添砖加瓦。

（一）宗教迷信色彩较重

客家民俗体育的发展受到儒家董仲舒天人感应、佛家因果循环、道家五行观等思想的影响，当时的客家人认为自然界的任何灾异都是天、是神灵对人们的谴责。现实生活中人们要想风调雨顺、五谷丰登、家族平安，就需要虔诚地祭拜神明，祈求得到神明的眷顾。于是，客家人开始对日月星辰、河海山岳、英勇人物及自己祖先的灵魂进行祭祀和祈祷，俨然形成了一个天神、地祇和人鬼的神灵系统。

客家人祭拜祖先的观念最早是由商人的信鬼风气递变而来的。客家人崇拜祖先最先也是始于害怕死去的祖先灵魂给生者带来危害的念头而形成的民俗行为，但是到后来，人们渐渐认为死者是自己的亲属，一定不会害自己，为了安慰他们的灵魂，就演变成现在每年节日的祭拜活动了。其主要原因是当时的客家人知识能力水平较低，认知能力不强，无法找到真理去验证自己的想法，只好去用信仰和崇拜去解释一切他们无法解释的现象。

客家人每到一处，都会修建自己姓氏的祠堂，拜访自己认为的神明进行祭拜和祈福。有时，家族内有添丁时，也要开展添丁炮的活动以庆祝和感谢自己的神明。目前客家人无论是在节庆时期对妈祖等自己“公爹”的祭拜信仰，还是在民俗体育活动开展前对神灵的祭拜和祈福，都鲜明地呈现出其多神信仰之观念，带有一定的宗教迷信色彩。究其原因是因为在人们的意志和能力之间、目的与结果之间还明显存在着对立和矛盾，他们需要找到一种心灵的寄托去平衡这种矛盾，于是信仰神灵变成了当时客家民间最普遍的现象。

马克思主义唯物史观认为，民俗信仰的这种精神现象是要以一定历史时期的物质经济生活条件来说明的。客家人最初生活环境恶劣，既要抵抗动物的侵扰、又要防止土著民的攻击、加上严重的自然灾害，现实环境和经济利益的需求使得客家人要集合村中青壮年的力量去维护自己的家园，争取自己的利益。可以说恶劣的环境是客家人产生宗教迷信信仰的催化剂，是客家人对现实生活中遇到无法战胜的无奈和抗争，是他们在当时社会中无力挣脱的一种心灵寄托，寄托了他们对美好生活的向往。

（二）等级制度依然存在

客家是一个极其重视宗族观念的族群，强烈的家族意识是客家人寻根问祖的根源。在家族观念中，客家人世代灌输一种尊老敬老、孝敬长辈的思维观念，这实际上就是一种等差之爱的思想，显示了等级制背影的存在。

首先，客家民俗体育文化中“九狮拜象”最早的来源就是宗族中财富最多、权势最大的人家举办的，以彰显自己身份、地位和权势象征的民俗活动。以为有钱有势的人就是尊贵的，而没钱没势的人就是卑贱的。这种价值观念明显带有一定的宗族等级观念。

其次，客家民俗体育文化中还存在很多同族之间辈分高低的划分，凸显着宗族间的等级制。例如，流行于赣南地区的竹篙火龙在开展前，就需要有族群众辈分最大、最有威望的人在前面带领大家祭祀，而且把象征权贵的龙头由辈分长者进行执举。从科学的层面上看来，客家民俗体育中仍存在着等级制度的背影。

再次，在赣闽粤客家地区，还存在着重修祠堂和修建族谱的现象。这种宗法制度下的等级观念不仅使社会间人们地位变得不平等，而且还会使人产生依赖和盲从等人格不完善的现象，人们的民族意识在不断地淡薄，平等意识在不断地被忽视。在一些乡村甚至存在着依据本族人群多、权势大的现象进行看似民主的选举和族群间的争斗。这不仅影响了村容、违背了法律，而且还不利于推进农村精神文明的建设。

从历史和现实的角度来看，宗族观念有淡化的趋势，但在要求公平、自由、民主、平等的年代里，依然出现长辈压制晚辈、重男轻女、上级压制下级、尊卑有别等不平等的思想，就需要我们进行理性的进行抵制和清除。

（三）拜金主义现象蔓延

以前的客家民俗体育大多是族群间自发组成的，每家每户按经济能力自主交钱，那时，人们的兴致高昂，因为除了自己举行的娱乐活动之外，就很少能看到其他的了。这样的娱乐活动也只有在农闲和节庆日才举行，全村的人都会去观看，伴随着唢呐和呼喊声，也是相当的激烈和祥和。但是目前，一方面，随着市场经济的发展，民俗体育文化的发展面临着一定的窘境，很多青年人为了跟上时代的步伐，追求高楼大厦的高物质生活，已经去城市打工了，不愿意再传承这种赚钱能力较低的工作；另一方面，政府为了促进民间非物质文化遗产的保护，对正在濒临消失的民俗文化进行补贴，从而导致现在很多乡村的人在农闲时参与这项活动的直接原因就是经济，如果政府没有补贴的话，他们也很少愿意开展这样或那样的活动。

从现实的角度上看，现代客家人对金钱的欲望也在日益增加，很多青年人做什么事情都要自己能够获利才行，否则就不愿意去做。人们的自愿、奉献精神在不断减少。归根结底，这种现象的出现既是社会主义市场经济所带来的负面影响，又是人心对于物质的极度追求。

总之，一定程度上，大的世界观会决定着人们的人生观和价值观，客家人的思想意识就是符合当时历史环境和自然规律做出的选择，如今的我们应该把它放在当时的环境中去看它的价值和功能，并用理性和科学的观点吸取积极的道德元素为现代所用，消极的道德元素要给予积极的扬弃。只有用历史的、辩证的、发展的观点看待客家道德观，才能让更好地为现代所用。

第四节 客家民俗体育文化道德观的当代价值

每一种道德的形成，都是受当时社会影响自然而然形成的一种普遍观念和信条，这是一种真正的约束力，是一种自觉的、有生命力的观念，我们不应该简单地给予好与坏的评价，简单来说，它就是一把双刃剑，需要我们积极的扬弃。在全面建设小康社会的今天，积极优秀的道德观能给个人、家庭和社会都带来深远的价值和意义。

一、社会价值

客家民俗体育文化在一定的社会背景下产生，以动态的生活模式彰显族群凝聚力，凸显社会风尚。客家民俗体育文化中的蕴含的孝、礼理念和朴实信仰的精神在现如今看来对现代和谐社会的发展等具有积极的作用和深远的影响。

（一）传承礼制积极元素，引领和谐友爱社会新风尚

古代礼制文化包括多方面的内容，主要有吉礼、凶礼、宾礼、军礼、嘉礼等，每一类都有丰富的内涵，但作为现代的我们，不可能全盘地对礼制文化进行传承和运用，所以只能汲取其积极的礼仪元素，使其作用于现代和谐社会的建设。

中国素以礼仪之邦而著称，现代社会中礼仪文化的宣扬，主要是以人际交往过程中互相尊重、相互沟通、共同遵守、友好关爱为核心，它是一个人内在修养和外在形象的象征。在礼仪活动之中，每个参与者都在依据内心虔诚的理念进行相同的动作，在这样的活动中，礼仪似乎有一种神奇的力量去指引他们按照既定的程序去做他们应该做的事情，在此过程中，人们所产生的情操，所培养的态度，是引领和谐友爱风尚的内在动力和精神纽带。

对于一个人来说，礼仪是提高人们自身内在的修养，促进人们之间进行礼貌沟通，缓冲邻里紧张的气氛，营造和谐友善社会氛围的一种形式。好的仪表和礼节是对人的一种尊重，是对自己正能量的一种塑造，在公共关系中，能让人愉悦地进行信息的沟通和交流，协调各种人际关系，减少人际交往的冲突和障碍。在现实生活中，若是每个人都能相互理解，相互礼让，那么就将会是一片祥和的局面。对于一个国家来讲，礼仪是一个国家的精神风貌，是增强彼此间信息交流的一种情感纽带。尊重和遵守他国的礼仪，与他国文明友好的相处，也是减少国与国之间矛盾的一种软方式。在当今时代，需要我们全世界的国家能互相尊重，和谐相处，构造出一幅靓丽的礼仪美景。

因此，将谦恭礼让等文明礼仪融入我们的现实生活，不仅可以给他人带去愉悦的氛围，调和人际关系，而且还可以提高自我素养，净化社会风气，促进社会精神文化的和谐建设。

（二）克服宗教等级制弊端，促进社会安定团结

在封建社会中，等级制度是普遍存在的社会现象。恩格斯就曾经说过："历史上各个时期中，绝大多数的人民都不过是以不同的形式充当了一小撮特权者发财致富的工具"。他们不仅选举教首，而且在教门内部依据财富、权利的不同划分不同的等级，即便是同一级人员也会分"三六九等"。宗教等级制的存在要有一定的社会等级制为基础，那就是封建社会以自己占有土地和权利的多少将人们划分为皇帝、贵族、官僚、绅士、平民、半贱民和贱民等尊差有别的等级结构①，建立相应的等级制度规范，如三从四德、三纲五常等用以维护自己的利益

① 蔡勤禹．明清时期民间宗教等级制度评析［J］．青岛大学师范学院学报，1999（2）：7。

和社会秩序。这种不平等的等级制度不仅使少数人集中了权利和资源，而且还限制了人们的自由，压制和约束了他们的行为，影响了人们的心理，给和谐社会的建设带来了巨大的危害。

在全面改革开放的今天，这种不平等的宗教等级制度需要我们积极地、科学地抛弃。这种不平等的宗教信仰制度会剥夺人自由、平等的权利，抑制人们奋发向上的精神。这对当时社会的科学发展是不利的。但我国又是一个宗教信仰大国，又不可简单地全盘给予清除，于是本着一切从实际出发的原则实行教派之间的独立自主、公平自治和教徒之间信仰自由不仅可以使广大教徒在精神上有所寄托，而且还可以给社会带来安定团结的局面。究其原因主要是因为宗教信仰是一个人内在的精神支撑和外在活动的一种行动指南。罗曼·罗兰曾经说过："我们整个人生像是一幕信仰之剧。"① 在人们面临心理矛盾冲突时，崇高的信仰是人们心灵慰藉的一服良药，一定程度上可以缓解人们的焦虑情绪、提高人们对生活的信心，促进社会的安定团结。同时，在面对远大的理想目标时，信仰可以调动他们内心强大的驱动力去实现既定目标，这对于公民来说，可以实现自我目标，创造自我价值，促进自身自由全面的发展。若每个人都处于一个文明的状态，每个人都自由发展，那么整个社会将会更加的和谐美好。

因此，只有摒弃宗教信仰中不平等的等级制因素，实行公平、自由的宗教信仰，提升公民的自由、平等的生存意识，才能进一步维持公民间的团结和社会的稳定。

二、生活价值

道德价值观的形成离不开人类主体的存在，也离不开人类的生活载体。它是人类在生活中不断实践凝结起来的思维产物，并反过来对人类的生活起到一定的促进和引导作用。

（一）汲取孝道积极元素，促进家庭美德建设

孝是中华民族的传统美德，是维系家庭和谐的纽带，传统孝道中的尊亲、敬亲、养亲等积极元素为现代家庭美德之建设提供了丰富的内容。目前，社会转型期的一些家庭出现了严重的道德失范现象。于是，政府在《中共中央关于加强社会主义精神文明建设若干重要问题的决议》上指出：要全面加强社会主义道德建设，大力倡导尊老爱幼、男女平等、夫妻和睦、勤俭持家、邻里团结的家庭美德②，促进家庭及社会和谐建设③。

---

① 许红霞．当代大学生共同理想信念现状研究［D］．济南：山东师范大学，2012.

② 杨振华．论孝在家庭美德建设中的价值［J］．运城学院学报，2009（3）：66.

③ 王琳．中国传统孝道及其现代价值研究［D］．北京：北京交通大学，2009.

首先，孝的本质是爱，养老是爱的价值体现，而赡养父母也是现代家庭美德的基本要求。面对着老龄化现象严重的中国，作为子女，需要我们从真爱的行动中履行赡养父母的义务，回归人伦的温情。在实际生活中，赡养父母不仅表现在满足父母物质方面的需求，而且还体现在积极主动的给予父母精神方面的关怀，怀揣着一颗敬爱之心，去尊重、理解和关爱父母。当父母年长或与子女思维不同意见时，要学会体谅他们，以平等的态度、和悦的心情进行沟通交流，切不可用粗暴的语言去伤害他们。只有这样，家庭里任何一个人员才是平等和亲密的，这种相互尊重、相互理解、彼此珍惜、互帮互让，和谐融洽的关系是对和谐社会下家庭美德的最好诠释。

其次，孝在人格上是平等的，而男女平等、夫妻和睦也是家庭美德的重要内容。作为社会的一个个体，因生理结构的不同，所以夫妻双方在家庭中所扮演的角色是不一样的。但这并不代表女人就要在家相夫教子，男人就要赚钱养家。在市场经济的开放时代，每个人的机会、权利和人格都是平等的，作为夫妻双方，应该给彼此更多的理解、关爱和支持，只有这样，夫妻双方才会和睦，家庭才会和谐。

再次，孝中有博爱思想，而尊亲敬亲、邻里和睦是家庭伦理泛化的一种外在表现形式，也是家庭美德的重要内容。每一个家庭是社会的细胞，这就要求我们不仅要在自己的亲人之间进行孝敬，促使自我家庭和谐，而且还要在邻里成员之间相互尊重，尊重他们的人格，尊重他们的生活习性，促使整个大家庭的和谐。一个懂得尊重别人的人，内心必定是感恩的、向善的。只有如此，新时代的家庭美德才会更加完善和健全。

总之，只有了解孝道本质内涵，汲取孝道积极元素，将其转化为人们内心自觉行动的意识，才能使他们在实际的生活中养成尊老爱老、夫妻和睦和互帮互助的行为习惯，个体间的融洽相处，可以促进新时代家庭美德的形成和社会和谐。

（二）克服拜金主义观念，提升人文生态意识

市场经济的快速发展，使得部分公民认为，任何东西都可以在市场上进行货币交换，这实际上是一种金钱至上的观点，是一种拜金主义的现象。这种现象给人们的精神世界和生活都带来了严重的危害。在拜金主义思潮下，相当一部分人变得开始功利化和庸俗化起来，比如，在人际关系以吃喝玩乐为基础来建立、求职取向上以金钱的多少为决定性因素、生活层面上进行大肆花销等，激化了人们功利性心态，助长了社会不良风气，冲击了精神文化的建设。但面对这种情况，我们应该如何克服拜金主义观点，提升自我的人文生态意识呢？

首先，在个人生活层面上，要倡导科学的消费观念，提升生态消费意识。要使人们明白金钱不是万能的，应该根据自身实际的情况进行健康合理的消费。例

如，在人际关系当中，应该以相互帮助的真心去建立真正的友好关系，而不是以吃喝玩乐的手段去建立；在消费的过程中，应该理性、合理的消费，建立与自己本身的消费水平相持衡的消费行为，而不是过分追求奢侈品，超出自己的消费能力。这些合理、简朴的生活观，实际上是一种对未来生活负责任的态度，是一种自己与自然资源之间的和谐友好相处。

其次，在社会层面上，要优化社会环境，建立人文生态意识。社会舆论环境的恶化是拜金主义现象出现的原因之一，目前，在网络时代下，各种琳琅满目的商业广告给人们的思想带去了一定的误导性，部分人们开始在节假日进行旅游和购物，欲求赶上时尚的潮流和满足虚荣心。在一定程度上，降低或符合实际的商业化广告与人类的协调，也是一种人文生态意识，值得我们不断弘扬。

再次，引导大家认为金钱并不是大家唯一要追求的目标，金钱不是万能的，不要为了金钱去牺牲自己、他人和整个社会的利益，也不要用金钱进行肆意的开采和利用，要建立起人与人、人与自然、人与社会共生共荣的理念，从自我出发，克服拜金主义意识，形成一种人文生态意识。

总之，拜金主义给个人和社会带来了消极的影响，只有提高公民的生态责任意识，才能让他们明白人与自然是共生共荣的理念，才能一定程度上引导他们绿色的生态消费行为，最终升华成为自身的生态道德品质，达到高端的人文生态意识。

三、个人价值

从客家民俗体育文化中提取的道德理念既有社会层面上的价值，又有生活层面上的价值和个人层面上的价值。

（一）汲取尊重生命理念，提升自我生存价值

生命是人们在世间存在的一种凭证，是实现自身价值、获取幸福的一种载体。只有以存在为前提，人们才能不断地实现自我价值，提升生命质量①，但是目前，在学校和社会上都出现了许多藐视生命的血腥事件。

据相关的调查资料显示，大学生中由于不尊重自己生命而选择轻生现象的人占将近10%，他们甚至认为自己有权结束自己的生命②。大学生在遇到挫折、压力等矛盾冲突时，心理承受能力低下，对自我的生存价值和生命意义产生茫然状态，对自我生命责任感降低，在这种情况下，便产生自杀等不理智的生命消费行为。而在社会生命层面，个人对他人生命责任意识淡漠的事件也层出不穷。比如，“马加爵”事件、“小悦悦”事件、虐待动物事件、对室友投毒等一系列事

---

① 张兴奇．黔南民俗体育文化心态及特征［J］．军事体育学报，2012（4）．

② 郭静林．当代大学生生命价值观现状与道德教育［D］．福州：福建师范大学，2006.

件。其实，无论是放弃自己的生命还是摧残别人的生命，都是对生命本身的不尊重，这种不尊重不仅会给活着的人带来不可承受的心理重量，而且还会给社会的发展增添一些不和谐的因素。

尊重生命是实现生命价值的基础。生活是生命生生不息的展现形式，一个人只有尊重生命，才能更好地关爱生命、善待生命和珍惜生命，才能对生活充满信心和责任感，进而不断地创造，最终实现对生命价值和意义的探索。一个人若对生命的情感发育不足，就会表现出对生命无惧无畏的特征，严重者还能产生藐视生命的血腥暴力事件。因此，要让每一个公民都认识到生命的尊贵和脆弱，他们才能树立正确的生命观，在实际的生活中，能珍惜生命，热爱生命，这样才有机会完成自己的理想信念目标，实现自己对人生目标的追求，最终实现个人的生命价值。

尊重生命是实现生命价值的表现形式。一个人生命价值的实现主要在于他对自己和社会做出了什么样的贡献。比如，人们有意识地去锻炼自己的身体，学会在生活中更好地处理人际关系，学会在面对挫折时更加勇敢地前行，这是生命的自然生存价值；而人们不断地进行创造，为社会带来贡献就是生命社会价值。但所有价值的实现，都需要以生命的存在为前提。

因此，在实际的生活中，只有人们尊重生命，关爱生命，在遇到困难和挫折时，理智地选择生命，才能更好地创造和实现自我生存价值。

（二）克服消极天命观念，开展自由全面发展行动

在封建等级制思想中，天命思想一直存在着。天命，简而言之就是天的命令，其实质是相信鬼神的存在，要求人们以天为中心。历朝历代的天命观都认为天是上帝，是最高的主宰者，人生死有命，富贵在天，在实际的生活中应该敬畏天神，如若违天，必遭天谴。以此来压制人们的精神，维护社会的安定。实际上，是从天的角度去规范人生，剥夺了人们自由、平等、幸福等生存权利，它在无形当中给国民造成了逆来顺受等性格特征。

在现代社会，我们已经证明鬼神的存在是没有任何科学依据的，于是，天神至上的天命观就需要积极摒弃，转换成现代社会以人为本的发展理念上来。以人为本是自由全面发展的主体，它包括劳动能力、个性自由等各方面协调、可持续的发展。在实际生活中，政府要给予每个公民自由、平等的生存权利，鼓励他们为了自己的目标积极创业、艰苦奋斗，推进人们生活水平的提高和幸福力度的提升，促进人们自由全面的发展。

克服消极的天命思想就意味着在现代我们已不用按照天命的规范去做一些我们不愿意做的事情。在这里，人们是自由、平等的，没有任何的压迫和限制，每一个都可以按照自己的兴趣爱好做任何我们想做的事情，实际上，当人们个性自

由发展的同时，人们的能力也就得到了全面的发展。

总之，克服消极天命观念，就意味着要摒弃一切不平等、不自由的理念，回归到以人为核心的自由、民主、平等的世界中来，只有这样，才能真正地发挥人的主体性和主观能动性，实现自身的价值，最终达到人的自由全面发展。

第五节　结　　语

客家民俗体育文化是客家人本土化、固定化的一种生活模式，而客家民俗文化道德观却是客家人自身价值理念、心理结构和思维方式的总和，是整个客家文化的精华。

通过对民俗体育文化成长背景及其内涵意义的理解，最终从社会、家庭和个体三个角度进行道德观的具体阐述。

与此同时，利用马克思主义辩证唯物论和历史唯物史观的观点对客家民俗体育文化道德观进行理性的评价。最终认为：客家民俗体育文化中的道德观既存在积极的一面，也存在消极的一面。需要我们用辩证的观点看问题。

客家民俗体育文化中的道德观是客家人的一种生活的哲学，是一笔宝贵的精神遗产。我们应该把它回归到当时的历史情况下去评价其功能和作用。但在谈论其当代价值时，我们还应该清醒地看到其历史的局限性。我们应该汲取其积极的道德元素、克服或摒弃消极的道德元素，并进行与时俱进的创新，用辩证主义的观点让它为我国现代和谐社会的建设有所帮助。

由于笔者主观能力有限，加上客家分布范围广、地域性强等客观因素的制约，本书的研究只是以赣闽粤地区特色的客家民俗体育文化为主题进行研究，书中还存在很多的不足之处，这将是笔者以后进一步的研究方向。

第四章　蒋经国赣南时期体育思想

蒋经国，现代中国政治舞台上一位举足轻重的历史人物。他生于浙江奉化，磨炼于苏联，扬名于江西，卒业于台湾，而赣南是他一生中最精彩的时期之一，建成了当时示范于全国的“新赣南”。

蒋经国哲学思想的多元性是使得他体育思想丰富与适应其所处时代的根本因素，同时也使他主政赣南时期在体育实践方面有所成就，研究蒋经国的体育思想具有深远的历史意义。分析认为赣南时期的蒋经国多元性哲学思想构成主要有儒家思想、三民主义思想、社会主义思想、实用主义思想。蒋经国哲学思想的多元性必然会使他具有丰富的体育思想。他的体育思想必将会推动社会的发展，同时又受到当时社会政治、经济、文化等多方面的影响。

体育思想指导体育实践，体育实践是体育思想的真实反映。通过分析蒋经国赣南时期的体育实践，认为此时蒋经国的体育思想主要有国防体育思想、国民体育思想、“文武合一、身心兼修”的体育思想、“天人合一”的体育思想和崇尚健康的体育思想。

蒋经国赣南时期的体育思想对改善当时民众的生活条件、提高国民对健康的认识等都发挥了积极作用。这一系列措施的实施，为民众的健康和赣南作为抗战大后方的战略地位奠定了坚实的基础。

第一节　蒋经国在赣南

蒋经国，1910 年 4 月 27 日（农历 3 月 18 日）生于浙江省奉化县溪口镇。其父蒋中正，母毛从清（又名福梅）。幼年时期的蒋经国，享受了来自祖母和母亲的双重厚爱。蒋中正虽长年在外，但对长子的教育一直很关心，除亲自为长子延聘家庭教师及去信指导读书外，还有计划地安排蒋经国的学校教育，故蒋经国七岁时入溪口武山小学（后之武岭学校）就读，三年后进入龙津学校。年仅十二岁时，蒋经国离开家乡，进入上海万竹小学就读四年级，并于 1924 年冬小学毕业后，升入浦东中学。

青少年时期的蒋经国，和其他中国的青少年一样，以天下兴亡为己任，热情不已而志气昂扬，不管在浦东中学还是“海外补习学校”（北平），都积极参加校园救国救亡运动，结果不是被开除出校，就是被劝学回家。

1925 年 10 月 19 日，蒋经国和数十位中国青年由上海登船，踏上了前往苏联莫斯科孙逸仙大学（中山大学）的求学之路。在中山大学第一期的学生中，蒋经国年纪最小。作为他的同期同学，既有后来成为他左右手的徐君虎，更有后来成为中共中央领导人的邓希贤（小平）、张闻天、博古、王稼祥。

在莫斯科，蒋经国给自己取了个俄文名字——尼古拉·维拉迪米罗维奇·伊利扎洛夫。这位尼古拉，年龄虽小，但在苏联的国土上却是经历最多、坎坷最多的中国人之一，他在苏联一待就待了十三年。在这十三年中，蒋经国既体味了大家对他的宠爱，又饱受同学、同胞的怀疑及个别人对他的迫害。他既当过学徒，又当过农民，甚至被送到寒冷的西伯利亚做过苦役。在逆境之中，蒋经国不仅生存下来了，而且变得更加坚强与成熟。当农民使他成了该农庄的村苏维埃副主席，当工人他被提升为厂长助理。回想这不堪回首的十三年，蒋经国常喜以一件事来聊慰心怀，那就是他在困境之时，在街头邂逅了马克西姆·高尔基，这位古稀之年的一代文豪，以他博大的心胸和丰富的人生经历抚慰了这位年幼的中国青年。

当年蒋经国由乳臭未干的毛孩子离开祖国去苏联深造，他自己都难以相信，当他再回到祖国时（1937 年 3 月 25 日），竟已是两个孩子的父亲了。

一回到中国，蒋经国就被其父送回溪口闭门思过。名为思过，实为补课。蒋中正亲点书目要蒋经国补补中国文化与中国历史、哲学以及孙文学说。

随着抗日战争的全面爆发及中国的抗战形势的日趋严峻，蒋经国已不可能再闭门苦读了。在国民党江西省主席熊式辉的邀请下，他就任了江西省保安处少将副处长（1938 年 1 月），后于同年 9 月去临川温泉赴任江西省新兵督练处处长，训练出四个团的新兵开赴抗日前线。

1939 年 6 月 11 日，年仅二十九岁的蒋经国被江西省政府任命为江西省第四区行政督察专员兼保安司令，同月 20 日，在四区专署礼堂补行宣誓就职典礼，就此拉开了蒋经国主政赣南六年的序幕。

蒋经国统治下的赣南，与今天的赣南（辖十八个市县区）不是同一概念。江西省第四行政区辖十一个县，有赣县、信丰、南康、安远、寻乌、上犹、崇义、大余、龙南、虔南（今全南）、定南，面积 2.2634 万平方公里，人口 160 万。1939 年蒋经国接任专员时，赣南已是中国抗日战争中的“后方的前线”，在抗日战争中占有特殊的地位。尽管如此，赣南却因种种原因，还处于全国抗战形势较落后的地区之一——绅权膨胀、匪盗横行，一般民众吸鸦片、好赌博，生产条件落后。这种情形，与赣南已现实地处于重要的抗日战争地位是格格不入的。

上任伊始的蒋经国，为了把赣南建成抗战的堡垒，决定首先从社会革新方面变革赣南的面貌，这一系列的革新在当时叫“三禁一肃”，即禁烟毒、禁赌博、禁娼妓和肃盗匪。经过两年的努力，赣南社会的封建陋习得到清除，健康文明向上的新风气逐步形成，具体表现就是全区刑事案件发案数大幅减少，政府在民众中的威信逐步提高，民众间互助精神开始养成，特别是民众开始有了国家主人翁的意识，国家民族观念深入民心。这是蒋经国主政赣南第一阶段的主要工作，在这一阶段已表现出他令出必行、事必躬亲、平易近人以及做事计划周密、措施到位、重在实效的特点，并很快赢得了民心。

赣南面貌为之一新后，蒋经国决定分阶段地开始“新赣南”建设，该建设采取了“两步走”的办法，即1941年至1943年的三年计划和1944年至1948年的五年规划。三年计划被蒋经国概括为“人人有工做，人人有饭吃、人人有衣穿、人人有屋住、人人有书读”，而五年规划称之为“人人要劳动、人人要读书、人人要当兵、家家穿得暖、家家吃得饱、家家住得好”。在建设新赣南过程中，三年计划实施得比较顺利，五年规划则因日军侵入赣南、占领赣州而夭折。

蒋经国原本计划在赣南分阶段来施展自己的抱负，但实际上他只做完了前两个阶段想做的事。他在主政赣南之时，一心一意效法明代儒学大师王阳明——这位当了十三年赣南巡抚的浙江老乡，为此他谈到：“的确，我在治理赣南时期，曾经想一心一意地来学习王阳明先生的精神，并使其理想能在新的环境中来实现。”①

自1944年起，蒋经国兼任的职务已从地方慢慢转向了中央，1945年2月6日，他登上“美龄号”专机离开赣州飞往重庆。他在赣南的经历使他赢得干练、有活力、有创意、清廉正直的领导人名声，积累了行政及地方发展的经验，包括教育、青年工作和地方治安等工作经验。

第二节　蒋经国主政赣南时期的体育实践

一、国防体育实践

蒋经国主政赣南初期，中国的抗日战争正处于艰苦的战略防御阶段，在这种大形势之下，赣南因其独特的地理位置而在全国抗战中日显重要。但由于长期的封闭及落后，赣南却难以承担好应有的重担，为此，蒋经国认识到，“赣南是湘、浙、赣、闽、粤的总后方，是一个完完全全适合于抗战建国的据点，然而，在这方面，我们还有许多工作没有充分做到，因此，在我就任赣南之初，就下了决心，要克服一切困难，而完成此项使命。”② 如何来完成此项使命呢，站在体育视角，蒋经国从以下几方面来入手：

第一，完善国防体育的政策、法规。有关国防体育，当时的中央政府及各省

① 徐浩然．蒋经国章亚若在赣南的日子［M］．北京：华文出版社，2001：388.

② 蒋经国．吃苦耐劳建设新赣南［C］//建设新赣南．赣县：新赣南出版社，1940：44.

政府都先后出台了不少的政策、法规，但蒋经国以为它们在具体操作上仍不够细致，同时对民众从事国防体育激励不够，为此，制定了一些更为细致与实用的政策、法规，比如《江西省第四区行政督察专员公署颁给国防体育奖章暂行办法》《国防体育设备运动方法与比赛简则》。为了让这两个政令得到更好的实施，蒋经国以 0234 专员令的形式指出："本署为发展本区国民体育及增进有关国防体育技能之训练与养成坚强果断之意义并鼓动勇敢奋斗之精神起见，特订立《江西省第四区行政督察专员公署颁给国防体育奖章暂行办法》及《国防体育设备运动方法与比赛简则》各一种公布施行，除分会外合丞印发上项办法及简则各一份，令仰该县长迅即遵照办法内所规定各点从速筹备，并限于本年九月二十五日以前与本区第二届运动大会该县分会合并举行，竣事并将办理情形详细报核为要。"①

第二，强化国民的组训。中国的抗日战争要想取得胜利，不广泛动员民众是不行的，故蒋经国花大力来抓好国民的组训。组训的工作主要分为两个方面：其一是普及国民兵军训，这也是组训的核心工作。国民兵是指年龄在 19 至 45 岁的健康男性公民，即通常所说的壮丁。他们是前方抗战的后备队，将他们组织起来，进行军事训练，"不仅在于教民以战，且能使人民锻炼体能与有组织有纪律的精神，多数人民能够直接打击敌人。"② 为了能更好地普及国民兵军训，并将该项工作落到实处，一方面四区专署成立了由各部门人员组成的动员委员会，蒋经国自兼主任委员；另一方面就是建立健全各级国民兵训练组织以及出台相应的训练实施办法，其中如四区专署、保安司令部颁发的《第一次壮丁正规训练分乡集中训练实施办法》。经过踏实的工作，从 1941 年至 1943 年，四区参加国民兵训练的人数达 417864 人，占全区总人口的四分之一。③ 而各级国民兵训练组织，则成为了"动员民众最有成效的一个组织，成为兵额源源补充的一个桥梁，一所熔炉作用的大学。"④ 自然的，壮丁们的身体也得以强健。其二是实施民众组训。对于未能参加国民兵正规军训的民众（主要是妇女、儿童及机关干部），四区专署另创多种形式，把那些没有组织的广大民力"组织起来，使赣南人人皆兵，寓兵于民。"⑤ 民众组训方面，蒋经国主抓了保甲妇女骨干训练班和梅林"政干团"。前者是蒋经国看到在赣南因男子游手好闲，四区妇女实际上承担了家中的一切，而其人数又几乎占了全区人口的一半，所以他通过举办为期一个月的保甲妇女骨干训练班来示教于各县，该训练班每日要集体军训 2 小时。后者的国防训

① 体育运动训练事项卷［C］//民国档案卷·文教卫生科，1942.
② 蒋经国．建设新赣南的基本任务［C］//建设新赣南，新赣南出版社，1940：14.
③ 刘景星．蒋经国先生在赣南追忆［M］．台湾：章贡学会，2001：305.
④ 谷民．巩固和扩大三民主义新赣南的创造［C］//建设新赣南，新赣南出版社，1940：14.
⑤ 蒋经国．新赣南卅年度工作总检讨［C］//蒋经国先生会集（3），1992：213.

练就更为严格了，在梅林“政干团”，“学员们必须遵守严格的训练制度。政文类班组，每星期都有适量的实战操练，发给学员武器，进行投弹、打靶练习。军事类班组的战斗演习更加频繁，常常夜间出发，搞野营拉练。”①

第三，重视竞技体育中的国防竞赛项目。蒋经国清醒地认识到，如果只是一味地单纯进行国防体育训练，其收效并不会很大，为此，他将国防体育训练引入到大众体育训练之中去，其主要形式就是在他任期内举办的三届“新赣南运动大会”。在《江西省第四区行动督察专员公署颁给国防体育奖章暂行办法》中，明确指出国防体育竞赛应与“本区第二届运动大会该县分会合并举行”。在《办法》中还规定了国防体育竞赛项目及其标准，其项目有障碍赛跑、负重竞走、爬山、越野赛跑、脚踏车比快、手榴弹掷远、挖土比赛、打靶比准、武装跳远、游泳等十项。② 而第二届新赣南运动大会民众组的比赛项目也为十项，分别是急行跳远、急行跳高、举重、挖土、脚踏车比快、百公尺负重比快、二百公尺负重比快、爬山、拔河、越野。③ 进行对比可以看到，名实相同的有四项，即挖土、爬山、越野、脚踏车比快；名实相近的有一项，即障碍赛跑（百公尺与二百公尺负重比快）；名实能联系的有两项，即负重竞走、武装跳远；只有手榴弹掷远、打靶比准、游泳三项难与运动会民众组项目相对比。由此，不难看出在赣南，国防体育项目已与国民体育联系得较紧。

第四，《新赣南家训》的广泛宣传。蒋经国深受以王阳明为代表的中国士大夫影响，很看重宣传舆论的“教化”功能，故于1941年冬，仿“朱子家训”写成《新赣南家训》，其中一块重要内容就是宣传国防意识和国防体育，《家训》说道：“不论农工商学兵，都做堂堂好儿郎，政府机关去服务，多求进步图自强，牺牲个人利益为国家，放弃一切安乐为民族，男女老少受军训，全体动员拿刀枪，人人都是中国兵，个个都去打东洋，困难已当头，战事正紧张，日本鬼子不消灭，中华子孙无福享，有钱快出钱，有力快出力，壮丁去当兵，老人看家乡，妇女耕田地，儿童上学堂。”④《家训》中直接表述国防体育的文字虽然不多，这是因为它主要是为了灌输国防意识给民众，但因为《家训》在宣传方面真正做到了家喻户晓，也因此赣南的民众国防体育组训工作才搞得轰轰烈烈。

综合而言，蒋经国主政赣南的国防体育，因其政策到位、宣传有力、措施得当，所以才取得了不错的成果。经过几年的努力，赣南民众一改过去游手好闲而又沉湎于赌博的恶习，积极参与到国防训练之中，并踊跃当兵；最主要的是他们

---

① 赣县政协．梅林“政干团”［C］//江西省政协文史资料委员会．江西文史资料（35），1989：284.

② 体育运动训练事项卷［C］//民国档案卷·文教卫生科，1942.

③ 卅一年度各种运动卷［C］//民国档案卷·文教卫生科，1941.

④ 荒林．新赣南家训［C］//江西省政协文史资料委员会．江西文史资料（35），1989：314.

已成为勤于劳作的人，并能在救亡图存的意识激励之下积极去锻炼身体。

二、国民体育实践

蒋经国上任伊始，喜欢徒步到各个县、乡、村实地看看或做一些调查研究工作，令他感触很深的是，在赣南十一个县的绝大多数地方，看到的民众几乎都是身体孱弱，蓬头而黄牙；日常生活则是无所事事，靠赌博打牌来度过时光。这与当时中华民族已进入艰苦卓绝的抗战形势相对比，显得格外刺眼与格格不入。为了让赣南这一“化外之地”能紧跟上全国的抗战步伐并成为中国抗战的一座堡垒，蒋经国意识到只重视国防体育还远远不够，因为在他的意识之中，建国才是最终的目的。作为建国来说，国民的健康与否直接关系着其成败，为此，他花了大力气来抓国民体育的建设，主要表现为：

第一，完善政策、法规。实际上，当时的中央政府与江西省政府都制订了一些有关国民体育的政策、法规，执行下来的结果却并不能令人满意。为此，蒋经国借助上级有关政策、法规，增加一些操作性较强的细则来推动四区国民体育事业的发展。其中如1943年8月9日核发给各县的《新赣南体育协进会章程》，其第一条指出：“本会定名为新赣南体育协进会，抗战时期依照中华全国体育协进会章程第十一章第二十七条之规定设立之”，这第一条是借力，但如何操作呢？蒋经国通过“专员令”0142来体现，其全文如下：“查本区为促进国民体育发扬民族精神起见，经组织新赣南体育协进会，藉资策动，兹以该会组织当嫌狭小，推行体育风气不能普遍于我赣南各县，爰拟订新赣南体育协进会章程，举行征求会员运动，以资扩充，而谋普遍，合行检发该项章程一份，令你该县长予以协助，除分令外，合行令仰遵照办理为要。”① 此专员令明确了两点：其一是新赣南体育协进会作为专司推行国民体育的机构，如果不以扩充会员的办法来推动工作，凭其一个机构是很难展开工作的；其二是以专员身份要求各县长重视此项工作，蒋经国作为一任专员，往往是令出必行。

第二，改善生活、卫生条件。赣南的落后，在生活、卫生条件方面也复如此，很多民众给人的印象是蓬头而黄牙。蒋经国意识到，民众若连最基本的生活条件和卫生条件都难以满足，那么“强劲其体魄”的国民健身运动无疑将成为一句空话。故在生活方面，通过社会革新的一系列措施，使得赣州物价处于全国最低水平，保障了民众生活必需品的稳定供给。② 在卫生方面，抓了两方面：一方面是增设各级卫生所以及普及注射预防疫苗；一方面抓好全区市容市场的卫生清洁。

第三，做足宣传工作。留学苏联的经历及追慕三百年前治理赣南的王阳明，

---

① 体育运动训练事项卷［C］//民国档案卷·文教卫生科，1942.

② 姜庆湘．中国战时经济教程［M］：桂林：科学书店，1943：204.

使蒋经国非常重视宣传舆论工作，故此他通过各种形式、渠道来广泛宣传国民体育，其中有墙头标语、报纸、杂志的专题文章、会议的讲话以及特定节日、活动的口号宣传等，而最主要的方式就是《新赣南家训》的宣传。大凡在蒋经国治赣时有所记忆的人，都能背出《家训》中的大部分内容，《家训》可谓在当时是家喻户晓。《家训》关于国民体育，针对当时赣南的具体情况而有所侧重，主要是从卫生和体育运动方面的强调来达到身体健康的目的，并将此部分内容置于《家训》的最前面，内容如下："东方发白，大家起床，洗脸刷牙，打扫厅房。天天运动，身体健康，内外清洁，整齐大方。……病从口入，卫生不可不讲。"[①]引文三句，分三层稍做解释：第一句是针对赣南民众因长期耽于彻夜赌博，以及鸡犬相栖于厅房，劝其痛改恶习，洗去蓬头而黄牙的不雅形象以及勤于劳作而写。第二句的解释，可借助在当时的一首很有代表性的民谣来理解，全文如下："蒋大专员开了口，赣南百姓齐遵守：黎明集合上早操，立正稍息开步走，每天大事第一椿，总裁像前三叩首。保长传令开会多，天天高唱搞五有。结婚必定集团办，太阳节日大喝酒。下地赶墟背家训，叫人急得直发抖。我的天啦蒋专员，哪年哪月你撒手？"[②] 这是一首充满了讽刺的民谣，其史料价值丝毫不逊于正史，它主要是表达了民众对蒋经国诸如对民众管束过多，宣传手段过分（如下地赶墟的通道设关卡要人背家训，背不出的不予放行）的不满。第三句不加解释也不难理解。

第四，重视传统体育。蒋经国非常钦佩他三百年前同乡王阳明的治赣事业，同时也在不断地从王阳明那里学习中国士大夫对一方土地的教化。为此，蒋经国知道，仅仅喊"天天运动"并要求民众像军人或学生一样上早操还远远不够，同时有可能因民众的不理解而产生与"教化"背道而驰的结果。因此，他注意利用中国传统节日来大肆提倡传统体育，即元宵节的闹花灯、踩高跷、舞狮、舞龙，端午节的划龙舟和游泳比赛，重阳节的步行与登高。这些大众体育活动，在他主政赣南的六年，每年都会按时举行。为了增强活动的效果，蒋经国往往会亲自上阵来激励民众的参与度，其中如 1940 年端午节，他加入排工队参加龙舟竞赛，在他亲手擂鼓之下，排工队一举夺魁[③]；再如 1943 年元宵，他赤膊与民众一起舞龙灯[④]。当然，在中国传统节日中，蒋经国也没有忘记加进一些新时代的大众体育项目，比如元宵节时就加入了环城自行车比赛。

第五，积极提倡运动大会。国民体育的提倡与重视，无非是走全民健身的发

---

① 荒林．新赣南家训［C］//江西省政协文史资料委员会．江西文史资料（35），1989：313.

② 曹云霞．"五有"和"十多"［C］//江西省政协文史资料委员会．江西文史资料（35），1989.

③ 徐浩然，吴识沧．龙舟夺魁［C］//江西省政协文史资料委员会．江西文史资料（35），1989：458.

④ 李珍一．弟兄趣事［C］//江西省政协文史资料委员会．江西文史资料（35），1989：457.

展道路，而要达成此目的，就不得不积极提倡运动会并开好运动会。蒋经国主政赣南六年，正是中华民族处于最艰难的时刻，而赣南这一方土地，已日益成为敌我争夺的热点，再加之赣南以往落后全国其他地区已久，故蒋经国一直等到来赣近三年时才在艰苦条件下举办了“新赣南运动大会”，这一办就是三年的三届，时间分别为1941年5月19日、1942年11月1日、1943年10月30日。第一届在赣州体育场举行，后两届则改在了虎岗举行，会期均为十天。每一届运动会参赛人员分别有来自赣南十一个县的群众、工人、机关干部、省属单位人员以及中、小学生，分成四个组，即公务员组、中学组、小学组、民众组。前三组竞赛项目基本相同，只是有所增减；民众组的项目则与前三组大相径庭，主要有急行跳远、急行跳高、百公尺负重比快、二百公尺负重比快、爬山、越野、挖土等。① 前三组为跳高、跳远，民众组则为急行一段距离的跳高、跳远；前三组有百公尺、二百公尺跑步，民众组则为负重后之跑步；而爬山、拔河、挖土等则是前三组所没有的项目。三届“新赣南运动大会”在竞赛项目上自有其特色不说，更重要的是蒋经国为运动大会的成功举行及其对推动全民健身实效的所作所为上的具体做法：（1）思想上、政策上的高度重视。对运动大会的筹办、准备、召开，蒋经国可谓事无巨细地躬亲，虽然这样，他还怕各县、乡此项工作做得不够落实，除了勒令县长、乡长亲抓以外，还不断地发出专员令对各个环节提示与仔细交待。（2）经费保障。蒋经国深知要做好一件需经济支持的工作，经费保障没做好是要打折扣的，故他对运动大会经费从筹集、预算到经费的使用亲抓起来，以让运动大会收到预期的目的。（3）做好选手的选拔。出席“新赣南运动大会”的选手是来自各单位的优秀人员，但其人数毕竟有限，很难真正让大部分民众参与进来。为此，蒋经国要求各县、乡举行层级不同的选拔赛，来达到选出优秀健将及普及国民体育之双重目的。

第六，坚持健身，模范带头。中华民族很注重上行下效，为此，蒋经国深知要做实国民体育工作，专署领导的示范工作就显得特别重要。故他除了抓好公仆的早操、晨跑以带起民众锻炼身体的习惯以外，还特别注意自己的示范作用。为了亲近民众，他常常弃车步行，日平均要步行五十七里路，这使得他在五百天的时间里，足迹几乎遍及赣南的每一个乡镇。而且他还十分善于抓住时机，在民众众目睽睽之下以矫健的身姿参与大众体育活动项目之中，比如元宵赤膊舞龙灯，端午擂鼓而龙舟夺魁。除了自身示范以外，他还喜欢让妻子参与到大众体育活动之中去，而其妻也能在连续两届环城自行车比赛中夺魁。在他的影响下，赣州民众锻炼之风日长，就连大腹便便的商贾也参与到晨跑之中来。②

综合蒋经国赣南时期国民体育工作，可以看到他既注重全局，也留心于细微

① 卅一年度各种运动卷［C］//民国档案卷·文教卫生科，1941.

② 徐浩然．趣事我闻［C］//江西省政协文史资料委员会．江西文史资料（35），1989：446.

之处；既注意了政策的可行性，也特别着力于执行力；既主抓了体育锻炼，也兼及了与之相匹配的卫生健康工作；既观察于民众的锻炼风气，也善始善终地自身勤练不怠。所有这一切，使得其国民体育做到了实处，也因此，才使得赣南的各项工作做得卓有成效，走在了全国的前列。

三、学校体育实践

蒋经国很喜欢一个词，即“人矿”，他常用这个词来表述他的教育理念和干部培训思想。对此，他曾撰文道：“教育建设是我们建设新赣南的中心工作，也可以说是一切建设事业的基础，所以我们应该把教育建设首先完成。”[①] 初到赣南的他意识到，要推动民族解放，宣传爱国主张，启发战时意识，增强争取民族独立的信念，唯一有效的途径，就是提高民众的文化水准。而促使蒋经国产生这种意识的原因是他看到赣南因交通不便、文化落后而导致的民智未开。他到赣南后不久就听到这样一件事：龙南县的有些父母看到儿子到了十八岁，还不会去抢人家的东西，便是没有出息，将来必无多大出息，父母简直不以为子，而要把他赶出家门。[②]

蒋经国主政赣南六年，抓教育抓得很有成就且很有特色，而作为教育的一个重要领域，他的学校体育主要表现为：

第一，定位准确、高远。自严复在中国首倡德、智、体“三育并重”以来，很快地被中国大多数有识之士所接受，自然的，蒋经国也不例外。当正气中学开办之初，蒋经国作为兼职校长，交待了正气中学的办学应让学生“切切实实求学问，辛辛苦苦练身体，清清白白学做人”的“三育并进”主张，其定位准确的教育思想不仅在正气中学，就是在其他的学校都得到了贯彻。在实践中，“三育并重”往往是不能“并重”，很多时候只是停留在理论上或政策层面上的“并重”，而且如果要牺牲某方面之时，往往是对体育的不重视。蒋经国主政赣南六年，一直没有用过“三育并重”，一直使用的是“三育并进”，个中原因为何，因缺乏资料佐证不好去妄加猜测，但有一点却是很明确的，那就是“三育并重”与“三育并进”没有多少实质上的区别，更多的是表达的方便或侧重点有所不同。这里需要指出的是，蒋经国用“进”而不用“重”，确实是在他主政赣南六年之中切实地做到了德、智、体齐头并进，没有出现孰轻孰重的现象。这一点可从另一口号或政策的提出加以佐证。

蒋经国在赣南六年，对他教育观念影响最大的两个人是徐昌麟（中华儿童新村“村务自治指导委员会”副主任委员）和吴寄萍（正气中学校务主任），在他俩的教育观念影响下，蒋经国首先在正气中学实施了“教得严”“管得紧”“体

① 蒋经国．新事业新任务［C］//蒋经国先生全集（3），1992：310.

② 沈传蕃．赣南春秋［M］．正气日报社，1945：79.

育第一”的管理措施，其中的“体育第一”，当事人之一的吴传志（建国后赣南地方教育志专家，正气中学学生）这样评述：“‘体育第一’在当时的学校是很少有的。而正气中学却特重体育训练，它要求学生‘辛辛苦苦地练身体’‘天天运动，人人健康’，体育成绩不及格者必定留级，不准毕业。”① 德、智、体三育，假设真以“体育第一”来教育只能培养出古希腊斯巴达式的斗士、勇士，而非国家建设急需的人才，这种人是蒋经国不会去培养的。由此可以得出结论：提倡“体育第一”，只是为了纠正在实际的学校教育当中，往往难以真正做到“三育并重”而不得不为之的举措。正气中学对待体育成绩不及格的学生必定要其留级，也不准其毕业，可以说是针对当时中国的学校教育以及学生没有正确认识到体育的重要性而特别设定的一项纠偏校规。从现有资料来看，“体育第一”只是在正气中学中加以提出并实施，而在正气小学及赣南其他学校都没有为此做出相应的要求，所有这一切，只是说明或证明了蒋经国的确是很好地理解并把握着“三育并重”，而不是忽略着体育在学校教育中的重要地位。说蒋经国定位高远，“高远”一词更多地应理解为始终如一、持之不懈地摆正着体育的位子，并脚踏实地地做着体育事业。“三育并重”能做到这一步，已属难能可贵了。

第二，明确目标。做任何事业，目标的明确都处于首位，学校教育也不例外。蒋经国主政赣南之时，正是中华民族处于外侮最严重之期，在特定时代背景之下，学校该教育出来怎样的人才呢？蒋经国明确告诉人们，“我们一定要以古时六艺——礼乐射御书数为基本，使他们文武合一，身心兼修。”② 在特定时代，主政者往往会受时势的影响，定出“务实”的目标来，但可以毫不客气地评价该目标也过于急功近利了。蒋经国是一位很讲实效的主政者，这在他主政赣南已见端倪。虽然他耳旁听到的多是“救国”“尚武”，但他意识到只是一味地追求特定时代的奋斗目标而淡化长远目标，则会给后期事业带来极大的阻力，故在主政赣南而又处于中国抗战的艰难时期，他告知赣南各级学校，应培养“文武合一，身心兼修”的学生。在蒋经国眼中，出于国防的目的而在学校实施相应的国防体育训练不是不重要，但决不能因此而忽略了学校体育教育的本质。究其关系而言，学校体育为“本”、国防体育为“用”，二者结合得好，就是“文武合一”。在学校体育教育中，过多地实施国防体育，或其他一些应急的体育教育终究是对学生身心的扭曲，其扭曲，只不过是程度的强弱不同而已，其最终结果是使学生身心两方面的发展失却均衡，也就谈不上“身心兼修”了。正因为有了学校体育教育目标的明确，才使得蒋经国治下的赣南诸学校的学生做到了德、智、体三方面齐头并进，学生在静心科学文化学习的同时，始终不懈地坚持着身体的锻炼，最终出现了以正气中学为代表的教育典范学校，该校学生中的绝大多

---

① 吴传志．正气中学［C］//江西省政协文史资料委员会．江西文史资料（35），1989：259.

② 蒋经国．中小学作品展览之目的［C］//蒋经国先生全集（1），1992：101.

数也成为了建国的栋梁之材。

第三，寓健身于生产、生活技能之中。学校体育工作的展开究竟是何种方式为佳呢？蒋经国通过中华儿童新村来示范于赣南诸学校。中华儿童新村是一所实行教、学、做三合一的新型教养学校，其办学指导思想深受蒋经国“体育即教育”“体育即生活”的影响，认为体育的目的在于教育人，身体发展和增进健康是体育附带的产品，为此，新村格外重视学生的生活、生产技能的培养。其主要做法有：其一，学生的高度自治。这一点既通过机构的设置——儿童乡公所来体现，更重要的是通过日常管理、生活来体现①。用这种模式，学生不仅学会了做人，更学会了做事，而在勤于做事之时身体日益康健。其二，环境布置的细致。新村注意幼儿活动场所的选定，教具的合理配置，既要有能充分利用日光、空气、水的大草坪，配有各种游戏器具、抽水筒、风车等，还特制浴池，以适应幼儿爱好水的天性②。通过幼儿在游戏之中形成互相合作，努力进取，来增进幼儿身心健康，从而达到“体育的目的在于教育人”之终极目标。其三，劳动习惯的养成。中华儿童新村“五年建设计划的纲领”明确规定，“我们要发动村民每天两小时的劳动，来创造美丽快乐、丰富健康的儿童新村”③。

通过中华儿童新村的试验，为了推动儿童教育的纵深发展，1943 年底，四区专署所辖的广慈博爱院颁布《新中国儿童学校教养工作大纲》，规定全区儿童学校的教养目的以“社会化、生产化、劳动化”为宗旨，“务使儿童取得适用的社会知识，科学的工作方法，建设的劳动技能，以造成新中国的实际建设人才。”④ 经过该机构的不断推动，四区儿童教育全面纳入了蒋经国“体育的目的在于教育人”的计划轨道上来，同时也使得四区的初级教育的体育工作充分展示出寓健身于生活、生产技能之中。为了说明这一点，举一个个案来加以说明：在赣县的韩坊中心小学“种禾 7 亩，养鸡百五十，养猪三只，放鱼二塘，蔬菜、苗圃 25 亩，农具、耕牛等由生产费添置完善，年产不下万元。”⑤ 该个案中的生产，大部分是由学生来完成，学生不仅在生产技能的学习中增加了许多书本上学不到的知识，同时也使身心趋于健康。

第四，增设体育设施。蒋经国主政赣南之际，正是中华民族最为艰难之时，而当时的赣南在很多方面都远远落后于全国其他地区。蒋经国此人不干则已，一干就想做得轰轰烈烈，特别是他在赣南的“三年计划”及“五年规划”，都需要大量的资金。尽管如此，蒋经国还是挤出资金，将原四区各学校运动器具仅限有

---

① 方世藻．建设新赣南——青年蒋经国解谈（上）［M］．北京：中国文史出版社，2004：104-105.

② 方世藻．建设新赣南——青年蒋经国解谈（上）［M］．北京：中国文史出版社，2004：106.

③ 侯动河．中华儿童新村［C］//江西省政协文史资料委员会．江西文史资料（35），1989：246.

④ 广慈博爱．新中国儿童学校教养工作大纲［M］．1944：65.

⑤ 宋时达．赣县卅一年度教育工作报告［J］．赣县教育（月刊），1941，1（2）：12.

沙坑、跳高架的简陋情况改建为有滑梯、跷跷板、秋千、沙箱、跳绳、篮球场和运动场等设施。

第五，举办夏令营。一时的身体差不要紧，但缺乏锻炼之意识就很糟了，特别在学校中，总有一小部分学生埋头苦学而诸事不管。为此，蒋经国决定自1941年暑假起，每一年都要举办一届为期一个月的儿童夏令营。入营标准是三个方面：学习优、体格弱、家庭穷。儿童夏令营上午上课，下午则是体育和童子军课，有时则组织到营地外去爬山、游泳。这是针对学校教育中的特殊群体举办的夏令营，这个群体因没有做到“三育并进”而被蒋经国纳入工作议事之中，同时蒋经国也自然意识到，这个群体体育锻炼意识的增强，其影响力将是无比巨大的。

综合蒋经国学校体育方面，可以看出其最为显著的是认识到位。因其本人认识到位，才使得其治下的学校体育能在艰难时期走上较正常的发展轨道，特别是中华儿童新村的示范，才能推动全区学校体育的蓬勃开展，也因此，当教育家陈鹤琴身处于中华儿童新村之时，不由得感叹：“这里是实施活教育的最好之地。”①

四、干部训练之体育实践

十三年的留苏生涯，不仅丰富了蒋经国的人生阅历，也使他烙上了“干部决定一切”的烙印。故在主政赣南之后，他明确了他工作的重点是抓好干部训练，以他的词语来说就是，要开“人矿”。② 六年主政赣南期间，先后举办了五次规模较大或颇具特色的干部训练活动，分别是1939年12月在赣州城西郊赤株岭举办的三民主义青年团干部训练班，1940年9月为期两星期的公仆讲习会，1941年8月的公仆夏令营，1943年7月至8月为期二个月的虎岗夏令营，1943年底的公仆冬令营。

综观蒋经国主政赣南时期干部训练方面的体育活动，主要表现为：

第一，强调体育锻炼的意义。蒋经国观察到公务人员因埋头于伏案而导致身体衰弱得很厉害，触动了他将公职人员集中起来训练的念头。在1940年9月的公仆讲习会训练中，他强调“一般同学因为过去都是在办公室内写公文的时间多，所以身体都不很健全的，驼背弯腰的很多。为要他们知道自己身体的不行，所以在早操时举行了一次健康比赛，每一班选一个身体最好的和身体最坏的相比较，身体不好的人，就会感到惭愧羡慕。今天我带着全体同学作了二十五分钟的跑步，跑到底的只有五十七人。跑步后，我对大家说，从跑步中就可以看出，谁有力量谁才能够胜利，谁没有力量，在中途一定会被淘汰。要争取最后胜利，我

---

① 侯动河．中华儿童新村［C］//江西省政协文史资料委员会，江西文史资料（35），1989：244.

② 蒋经国．开辟新的天地［C］//沈传蕃．赣南春秋．正气日报社，1945：67.

们一定要锻炼自己的身体。”这次讲习会报到人数为一八三名，蒋经国在开学典礼上说明了“训练的意义是在锻炼钢铁好汉，是在培养坚决意志的革命干部。”①所以他才会在这次训练一开始就以形式多样、丰富的体育活动来反复突出体育锻炼的意义，用他的语言来表达，就是“力量”。“我就告诉大家：‘希望你们养成强大的力量来从事革命的工作，力量是决定一切最主要的因素。今天我们所需要的：第一是力量，第二是力量，第三还是力量。’”亲历过 1941 年公仆夏令营的吴识沧回忆道：“早晚升降旗点名，由营长讲话，下午出操一小时，其余时间安排文娱体育活动。军训活动中还搞过一次夜间紧急集合。”② 为了使干部强化体育锻炼的意识，蒋经国还在 1943 年的虎岗夏令营这一特殊的训练活动（指该训练兼有干部训练与国民训练的双重目的）中，亲自作了一首夏令营营歌《虎岗谣》，并请当时著名作曲家程懋筠谱曲。歌词全文为：“太阳出来照虎岗，照得岗上青年脸发光，齐声长欢啸，好像老虎叫，一啸、再啸，新的时代来到了。”③

除了在集中训练时强调体育锻炼的意义以外，蒋经国也非常重视公仆们日常的体育锻炼，并要求他们每天坚持锻炼身体。1941 年元月起开始在赣县政府工作的彭精选是这样叙述的，“各直属机关的职员，每天早晨天刚亮听起床号起床，然后到中正公园做早操，大约二百人左右，按科室列队，一般由区保安副司令沈传蕃整队，在公园场地齐步走两三圈后，跑步出公园南门，经文清路、阳明路、中正路、中山路、章贡路到西津路北端县政府宿舍门口解散。跑步时沿途高呼‘一、二、三、四’和口号，这叫‘晨呼’。蒋专员不公出时也经常参加早操。‘晨呼’的意思是，唤起民心，振作起来，朝气蓬勃地抗战建国，打败日寇，建设新赣南。”④

第二，突出太阳、空气、水对于身体的意义。在苏联的经历，使蒋经国体验到水的意义。他在苏联曾经参加了一次沙漠行军，每人发一瓶水，瓶上有刻度，跑了很长一段路，指挥官才会下令休息，并允许喝一定刻度的水，不准多喝，也不准少喝，如此苦练，才易使人意识到水的重要性。在 1940 年公仆讲习会里，他反复地强调指出，“太阳、空气、水是我们最好的朋友，但是中国人一般的习惯都不太愿意去接近他们，所以身体一天天地坏下去。今天我要大家把上衣脱光，赤膊地来晒太阳跑步。一般人看起来也许说这是不太雅观的；但是我认为这是彻底锻炼身体的方法。……太阳、空气、水是我们最忠实的朋友，这是最好的补品，我们应当和它们作终身的好朋友。”②

---

① 蒋经国．训练日记［C］//蒋经国自述．长沙：湖南人民出版社，1988：66.

② 刘子英．虎岗夏令营［C］//江西省政协文史资料委员会．江西省文史资料（35），1989：290.

③ 彭精选．整机关和整顿市容［C］//江西省政协文史资料委员会．江西省文史资料（35），1989：175.

④ 蒋经国．训练日记［C］//蒋经国自述．长沙：湖南人民出版社，1988.

为了达到训练的目的，蒋经国采用了在当时人们还很不习惯的一些做法。比如叫大家脱去上衣，“脱衣服后我问他们舒服不舒服，他们用很大的声音回答‘舒服’。‘用你的两手把胸脯拍一拍，用你们的双手互相擦一擦。’大多数的同学还是第一次直接接触新鲜的空气和太阳，可是都是很兴奋的。后来我问一个同学对赤膊运动的感想，他说：‘一、感到自由没有拘束。二、感到轻松痛快。’跑了十五分钟步以后，我要大家脱去长裤，并且把草鞋脱掉赤着脚。”[①]当然，上面的做法只能偶尔行之，能经常做的是这样的，“队伍先在八境台前面的操场上集合，开始做呼吸、头部、腿部运动，在这新鲜的空气中，在广大的操场上，大家的精神都感觉到异常兴奋……到了台上，旭日刚从东方起来。”[①]为了避免只是单调地接触太阳、空气、水，他会变化花样地叫学员多多地去感受。比如有一次为了达到让学员体会百姓的疾苦，在一连提问了几个问题之后，他接着又提了一个问题：“‘力量从那里产生出来的?’大家说：‘从强健的体格中产生的。’我说：‘是的，大家把衣服脱下，赤膊向东方的朝阳作呼吸运动。最后每班选出一个力气最大的人，在沙滩比赛气力。’”[①]

第三，形式多样，因地制宜。蒋经国是一个很务实的人，在干部训练当中，为了培养他们随时随地，不拘条件限制进行身体锻炼的意识，他采用的锻炼形式可谓五花八门，只要在条件允许下，他就会因地制宜地创设锻炼的机会，并亲自做好表率，带领干部融于自然之中以求身心两健、身心俱佳。

广西大学毕业后慕名来到赣南的黄文耀，曾亲身参加过蒋经国主持的干部训练，并得到这样的印象：“值得一提的是一些新颖的训练方法。一、是沙滩跑步。天刚蒙蒙亮，他即带领大家到河边的沙滩上赤脚跑步，有时要赤膊跑步。天寒地冷，沙滩既湿且松，跑起来比较吃力。休息时，干部们都说他‘很行’，……二、是强弱对比。他把全体集合，然后由他点名，群众公议，认为‘强’的站一边，认为‘弱’的站另一边，最后下令强与弱角力，背部全着地的是负方。”[①]

关于这方面的资料颇多，笔者在此挑选了三则有余味的摘录如下：

“从马祖岩山脚到山顶，本来是有一条路的，但是我告诉大家要从无路的山坡空谷边冲下去。后来我发了令：目标万寿宫，向下冲去！结果大家不顾一切的障碍一鼓气地冲下去，最后都达到了目的地。在万寿宫前面，我集合全体同学说：‘我们要知道天下所有的路都是人走出来的。我们不要去走现成的路。走大路是人人会走的，我们要走人家不会走的路，我们要在无路可走的时候，只要我们有决心，一定会有办法，一定有出路的。’”[②]

“今天的天气特别冷。起床后，我就告诉大家，上早操不要穿制服，只要穿衬衫，脚下不要穿草鞋，赤脚。……队伍集合好，在出发以前，我对大家说：

① 蒋经国．训练日记［C］//蒋经国自述．长沙：湖南人民出版社，1988.

② 黄文耀．杂记赣南二三事［C］//江西省政协文史委员会．江西文史资料（35），1989：98.

‘我看见你们有几位同学冷得发抖，这就是要你们知道没有衣服穿的痛苦。我们知道秋风起，冬天快到，不知道有多少穷苦的老百姓不但吃不饱，而且穿不暖，你们不亲自学冻，不知道冻的真正苦处在哪里。现在天气特别黑，四面东西都看不见，无快要亮的时候，一定是特别黑暗的，这就是告诉我们，凡事业在胜利快到的前夕，一定是特别困苦的，但只要我们有决心，冲破了黑暗，光明一定会重新到来的。’”①

“起床之后，就带领全体学员到建春门外的大沙滩上去上早操。作了健身运动之后，请男同学把上衣脱去，赤着膊到河边去洗脸。经过五分钟，就集合在沙滩上跑步，大家感觉到特别的吃力，不到三分钟，就有一半的学员落伍了，过了五分钟，只留下十一个人了。从这里可以看出，一般的体格是不行的。

跑步之后，我说：‘我们不但要多走马路，走乡下路，走山路，而且应当会在沙地上走。你们一定感到沙地上走太吃力了，但是这是练习走路最好的地方。’

在大沙滩和小河滩之间，有二十米阔的一个水潭，我要大家排着队伍前进。同时告诉大家，没有听到告诉大家立定的口令不许停下来，要大家跑过这个水潭。跑到水边，有的怕冷，有的怕弄湿衣服，有的怕水深，不敢过去，但是大多数都跑过去了，后来要大家跑回来，手牵着手，并排地唱着歌前进，结果都回来了。当大家过河的时候，那一种勇往向前的精神，使得一般人看了是异常兴奋的。”①

综合蒋经国干部训练之体育活动，可以看出：为了他的新赣南建设规划，他是竭尽心力抓紧对干部身心健康的训练，并使出其浑身智慧，让手下干部在身体锻炼的同时，也在思想上、认识上得到锻炼，并最终成为他所需求的干部。特别要指出的是，写作过程中收集到的一些图片资料，生动、信服地反映出蒋经国在着手干部训练之时，比在其他体育领域更好地、也更多地做好了亲身模范的体育实践活动，可以说，在他主持之下的多次干部训练行列中，身躯最为矫健的往往就是他。

第三节　蒋经国主政赣南时期的哲学思想和体育思想

一、蒋经国主政赣南时期的多元性哲学思想

蒋经国主政赣南时期所组织和开展的体育实践，是基于他当时所具有的体育思想，但体育思想是蒋经国多元思想的一个侧面。因此，要探讨蒋经国赣南时期的体育思想，有必要对他当时整个多元性的思想体系进行简要分析。

① 蒋经国．训练日记［C］//蒋经国自述．长沙：湖南人民出版社，1988.

（一）儒家思想

且不说蒋经国自小就被关在私塾和旧式学堂学“四书五经”，深受儒家文化的熏陶。当他留苏十三年归来后，其父蒋中正硬是要他在家乡重新接受儒家文化的熏陶，借此清除掉蒋经国身上的“红色”印记。在他主政赣南时，他曾明确表示了他主政赣南的思想是受益于明代儒学大师王阳明——这位当了十三年赣南巡抚的浙江老乡，“的确，我在治理赣南时期，曾经想一心一意地来学习阳明先生的精神，并使其理想能在新的环境中来实现”。[①] 海内外研究者普遍认为，主政赣南时期的蒋经国，其主流思想是从苏联接受过来的社会主义思想。对此本书不想详加批驳，只想简单地指出：第一，蒋中正将其子送回家乡埋头苦读儒家作品及孙文文章，如蒋经国清除其“红色”印记不够，蒋中正是不会让他出来的。第二，一个人青少年时期所受思想影响会伴随着他一生。第三，蒋经国主政赣南之时，国民党内部反共思潮一直很流行，蒋经国决不会去冒“天下之大不韪”而葬送自己的政治前途。而提出“知行合一”“致良知”的王阳明，本就是蒋经国崇拜的人，又加之同是浙江人主政赣南，所以蒋经国以儒家“大同”理想来完成王阳明之未竟事业也就顺理成章了。

（二）三民主义思想

作为国民党的一员，蒋经国不可能不信守孙文的三民主义学说。最起码，这是他走出家乡投身抗战建国的先决条件。综观他主政赣南的所作所为，可以说他将自己的主要精力都放在了民生方面，是在不折不扣地贯彻三民主义的思想。

（三）社会主义思想

不管怎么说，留苏十三载对他蒋经国的影响是很大的，特别是以他十五岁而至二十七岁回归祖国的年龄段来说更是如此。本来蒋经国于一九三九年就任江西省第四行政区专员时，军国民主义思想已日渐式微，取而代之的是民族主义思想。但留苏十三载让蒋经国真切地感受到了军国民主义思想对他“强国保种”认识所起的推动作用，所以当他身边的人都日渐疏远军国民主义思想时，他竟毫不顾忌在四区大力提倡和推行国防体育。

（四）实用主义思想

自从杜威 20 世纪 20 年代来中国亲身传播实用主义思想以来，其思想的影响可以说是日渐显著，这种状况可以说在今天也复如此。而蒋经国呢，不知出于何

---

① 徐浩然．蒋经国章亚若在赣南的日子［M］．北京：华文出版社，2001：388.

种原因，他很少提到杜威其名，也很少在嘴上谈论实用主义，但他的所作所为，却明显地带上了实用主义的烙印。关于这点，只举一例即可证明，中华儿童新村的办学宗旨就是“学校社会化”，而这正是杜威教育思想的核心内容。

综合言之，主政赣南时期的蒋经国，其主要治赣思想是以王阳明为代表的儒学思想，并辅之以三民主义思想、社会主义思想和实用主义思想。这种思想的复杂性、多元性，才导致了他身上同时具有不同的体育思想，也才使得他在主政赣南期间的体育实践有了研究的价值。

二、蒋经国主政赣南时期的体育思想

明确了蒋经国主政赣南时期思想的多元性这一问题，就为研究其体育思想奠定了坚实的认识基础。因为体育思想所包涵的内容，如对体育本质的认识、对体育构成的认识、对体育价值的认识和对体育方法论的认识等，它们的孕育、发生、发展都受一定个体的哲学思想、当时社会生产力和生产关系的制约。以下就根据蒋经国在赣南时期所发生的体育事件、颁布的政策法规以及主持开展的体育工作等几个方面的内容来挖掘、归纳他这一时期的体育思想。

（一）国防体育思想

蒋经国主政赣南，时刻关注民族的兴衰，国家的安危。他为国人体衰而倍感忧虑，为国人被外国人称作“东亚病夫”而深感耻辱。为了更好地让赣南承担起抗日战争大后方的功能，他采取了一些积极有力的措施，来达成他“组织起来，使赣南人人皆兵，寓兵于民”的国防体育思想。[①]

蒋经国在赣南的六年，正是中国处于抗战的关键时期，在这种特殊背景前提下的爱国志士都会从内心迸发出救国救民的军国民主义思想，而蒋经国的国防体育思想就是在军国民主义思想下的衍生。关于军国民主义体育思想的特征，我国的学者普遍认为主要有三点：其一，以强烈的爱国激情为立论基础；其二，依附教育思想；其三，重视身体训练和培养军人精神。就这三点而言，蒋经国很难跳出前两点，但对第三点，他却能在注重强身健体、提倡尚武精神以及强调集体纪律教育等方面保持住军国民主义体育思想的积极因素，又能有意识去除整齐、严肃的机械化锻炼方式，这也是他国防体育训练中的过人之处。

蒋经国以及他之前国人的国防体育思想或意识最早应该起源于1840年的鸦片战争，它借“忠君”“爱国”“尚武”的口号，以兵式体操为手段对青少年和民众进行军事训练，以保家卫国为最终的目标。在中国国门被西方的坚船利炮洞开后，当时较为先进的改良派分析批判了导致中国国家贫弱的思想文化根源后，

① 蒋经国．新赣南三十年度工作总检讨［C］//蒋经国先生全集（3），1992：213.

开始积极引进和提倡以“尚武”为核心内容的国防教育思想。他们认为国家富强的基础取决于国民的基本素质，应当努力增强国民的“体力、心力、群力”，从而消灭侵略者、实现国家的独立和国民素质的全面提高，最终实现富国、强国的目标。

蒋经国在赣南所提倡的国防体育思想，可以从其当时施行的具体措施、所颁布的具体法规等体现出来。具体措施如变革社会政治，提高政府在民众中的威信，使国家、民族观念深入人心；通过普及国民兵军训、实施民众组训等有关体育培训或训练，培养国民的国家主人翁意识，增强民众的集体纪律观念，从而达到“寓兵于民”的理想抗战境界；在《新赣南家训》中，思想上继承了朱柏庐《治家格言》“修身”“齐家”的宗旨，又结合抗战需要，添加了动员民众、自力更生、努力生产以及保家卫国、参军参战等内容，如“不论农工商学兵，都做堂堂好儿郎，政府机关去服务，多求进步图自强，牺牲个人利益为国家，放弃一切安乐为民族，男女老少受军训，全体动员拿刀枪，人人都是中国兵，个个都去打东洋，困难已当头，战事正紧张，日本鬼子不消灭，中华子孙无福享，有钱快出钱，有力快出力，壮丁去当兵，老人看家乡，妇女耕田地，儿童上学堂”；在1942年8月29日赣南四区专员公署出于“为发展本区国民体育及增进有关国防体育技能之训练养成、坚毅果断之意志、鼓励勇敢之精神”颁布和实施了《江西省第四区行政督查专员公署颁给国防体育奖章办法》《国防体育设备及运动方法与比赛规则》《分期设置国民体育场所办法要点》等政策法规①，对有关国防体育运动项目的规则、场地等做了明确规定，为国防体育的顺利开展和普及提供了行政依据。

综上所述，蒋经国在赣南主政时期的国防体育思想，不但为变革赣南当时的社会政治，通过普及国民兵军训、实施民众组训、推行《新赣南家训》等实践，还国民健康体魄发挥了积极作用，还为当时抗战环境下把赣南建成抗战救国的新中国堡垒和坚实后方发挥了积极作用。

（二）国民体育思想

这里所讨论的蒋经国“国民体育思想”跟现在所提倡的“全民体育”“全民健身”等都是密切相关的，蒋经国国民体育思想的形成也与他在赣南丰富的实践价值和对体育的认识具有直接的联系。

在蒋经国主政赣南不到五百天的时间里，他曾说过：“我一共步行了二千八百五十里路，经过了九百七十四条桥，其中有七百一十四条需要修理的，八十四条是不能走的，只有三四十条是新修理的，……”② 在他年满三十时，还能平均

① 民国档案卷：文教卫生科——体育运动训练事项卷，1942. 10-1943. 1

② 蒋经国．吃苦冒险创造建设新赣南［C］//蒋经国先生全集（3），1992：25.

每天步行五十七里路；在1940年9月的公仆讲习会的四区干部，不管是爬山、涉水、沙地赤脚跑步，都能看到蒋经国处于运动队伍的最前列；而在一些时令性的运动项目中，更是每每能看到他赤膊积极参与的身影。蒋经国一生，都很喜欢锻炼身体，主要的运动方式则是步行、跑步、游泳和爬山。

蒋经国不仅是一位体育实践者，他对体育理论也有一定的认识，如他在赣南期间，主持颁布了《江西省第四区行政督查专员公署颁给国防体育奖章办法》《国防体育设备及运动方法与比赛规则》《分期设置国民体育场所办法要点》等体育政策法规，对体育运动的有序开展和各运动项目的规则等做了细致的规定。蒋经国国民体育思想的形成源于他对体育本质的认识：对国力与民族体质关系的认识——体育利国，对体育本意的认识——体育利民，对体育第一、促进健康的认识——体育利于青年健康成长，这些可以说是当时蒋经国国民体育思想形成的渊源。首先，体育利国。蒋经国主政赣南，时刻关注民族的兴衰，为国人体衰而备感忧虑，通过普及国民兵军训、实施民众组训等方式强壮国民体魄，在国民体育思想形成的同时也增强了他国防体育思想的意识。其次，体育利民。蒋经国强调国民体育，不仅在于体育能利国，而且还在于能利民。在宣传、鼓动方面，主要是通过《新赣南家训》的背诵落实来提高全区民众的国家观念和民族意识；在具体措施上，利用元宵节、端午节等举行传统体育项目如踩高跷、舞龙灯、龙舟竞赛等活动使国民参与到体育运动中来。最后，体育利于青少年健康成长。蒋经国重视青年的体育锻炼，在正气中学中实施了“管得严、管得紧、体育第一”的管理理念，通过严格要求体育成绩、增设体育设施、举办儿童夏令营等措施来保证青少年对体育运动的参与。

为了更直观地描述蒋经国主政赣南时期的国民体育思想，我们还可以从当时参与体育锻炼的人群这一侧面来分析。通过收集、分析当时的文献资料，所涵盖的参与体育锻炼的人群主要包括：（1）一般民众。蒋经国主政赣南期间，特别重视国民的健康，对赣州市区的一般民众也提出了健身要求，在《家训》中就明确要求他们每天做早操，并练习军训步伐。（2）干部。主政赣南六年之中，蒋经国丝毫未松懈地在各个领域分期训练干部，狠抓各种干训班和训练营，如1939年12月在赣州城西郊的赤株岭举办的三民主义青年团干部训练班；1940年9月为期两周的公仆讲习会；1941年8月和1943年底举办了公仆夏令营和公仆冬令营等。（3）儿童和青年学生。最典型的案例就是创办中华儿童新村和组织学生夏令营，如新村的幼稚园，其施教目标，不只局限于识字教育，还要增进幼儿身心健康，培养优良习惯；在1943年7月至8月，还举办了为期两个月的虎岗夏令营，即“中国三民主义青年团赣州青年学生夏令营”，以此促进青少年对体育运动的参与。（4）囚犯和妓女。蒋经国在赣南还办了一所特殊的学校，即新人学校，对囚犯进行思想和体格教育，对他们进行改造；在“三清一肃”社会革新活动中，为培养被解放出来的妓女的生活技能，成立妇女联合会，净化社会环境，组织她们开展健康文明的体育娱乐活动，最大限度地调动妇女自我改造和投身抗战的积极性。

蒋经国国民体育思想是与其丰富的体育实践和对体育的认识密切相关。他的这种体育思想，不但使他参与了形式多样的体育运动，而且还直接推动了其他群众体育运动的开展，提高了国民的体质和健康水平。

（三）“文武合一、身心兼修”的体育思想

抗战时期，迫于当时形势的压力，几乎所有人都很难摆脱重武轻文的先入之见；但又受到中国几千年传统文化的积淀，已使得国人只看重彬彬有礼的君子，而轻视徒逞其勇的匹夫。但蒋经国并没有像蔡元培先生那样说出“射御，军国民主义也”，同样看重射御，他说的却是“我们一定要以古时六艺——礼乐射御书数为基本，使他们文武合一，身心兼修”。[1]

蒋经国“文武合一、身心兼修”的体育思想突出地表现在他的国防体育和学校体育实践中。首先是重视教育的全面发展。1939 年在赣州赤株岭举办的“三民主义青年干部训练班”就推行“爱、美、笑、力”的训练方针，结合各种娱乐活动，把训练和生活搞得紧张、活泼、生动、愉快。其次，蒋经国还十分重视“兵学合一”，注重军事体育训练。蒋经国在赣南期间普及国民兵军训、实施民众组训、干部培训、创办中华儿童新村等的目的都是为给国家、给抗战培养“经世致用、扶危济困”的有用人才，他认为这样的人才不仅要博学多才，以及掌握治国理财的真实本领，同时还要有一副健壮的体魄，为此他提出“文武合一、兵学合一”的主张。在 1943 年 6 月 20 日的儿童新村开幕典礼上，蒋经国发表了题为《开辟新天地》的讲话作为开幕词，就强调了新村培养人才的两大目标：“一、要培养征服自然的科学家；二、要培养保卫中华的英勇战斗员。”[2] 在教育理念中，突出的显示出“三育并重、体育第一”的认识。在 1940 年 9 月为期两周的公仆讲习会就推出了一个“一面训练、一面工作的训练方式，就是说从专员县长直至司书为止，全体工作人员集中住宿，半天办公，半天讲习”。[3] 而自 1941 年起每年一届的暑期儿童夏令营中，都是专门挑选学习优、体格弱、家庭穷的学生进行培训，夏令营上午上课，下午则是体育和童子军课，做到文武合一。同时，蒋经国有感于公务人员埋头伏案而忽视锻炼，他就通过亲自带领全体学员作了 25 分钟的跑步，通过直观的对比使身体素质差的人深刻认识到自己的缺憾，从而引导他们做到劳逸结合，从生理上和心理上认识主静之弊，使他们自

---

① 蒋经国．中小学作品展览之目的［C］//蒋经国先生全集（1），1992：101.

② 蒋经国，开辟人类新的天地［C］//赣南春秋．正气日报社，1945：180.

③ 蒋经国．训练日记［C］//蒋经国自述．长沙：湖南人民出版社，1988：63.

觉地参与到体育运动中来，提高健康水平。第三，在学校教育中，最能体现蒋经国该体育思想的就是兴办正气中学。在办学条件中他接受了学校教育应“三育并重”的思想，明确要求学生“切切实实求学问，辛辛苦苦练身体，清清白白学做人”,[①] 并交代校务主任吴寄萍对正气中学应“教得严”“管得紧”“体育第一”，其中“体育第一”使正气中学特别注重体育训练，它要求学生“辛辛苦苦的练身体”“天天运动，人人健康”，并规定“体育成绩不及格者必定留级，不准毕业”。

蒋经国“文武合一、身心兼修”的体育思想以及由此产生的在干部训练班、中华儿童新村、正气中学等实践中的体育行为，为当时青少年学生的健康成长和为抗战输送有生力量等发挥了积极作用；同时，“文武合一、身心兼修”的体育思想丝毫不悖于当今全民体育、终身体育和快乐体育的认识，也吻合了今天我们对健康内涵的不断深化。

（四）“天人合一”的体育思想

中国传统哲学思想包罗万象，博大精深，源远流长。其中，“天人合一”的思想是中国传统哲学的重要组成部分，对中华民族历史形成的道德标准、为人处世、修身养性等方面起着指导和规范作用，也是近代体育运动发展的基础。[②]

“天人合一”作为一种哲学思想对中国体育有着深远的指导意义。传统体育强调人与自然的和谐统一，倡导在发挥人的主观能动性的同时，强调要顺应自然，依时而行，并且形式多样。因为讲究“天人合一”，所以蒋经国认为体育教育及身体锻炼始终离不开人与自然的和谐，在不离开和谐的前提下，应该随时随地地注意身体的锻炼，并借身体的锻炼去培养顽强的精神和意志，在可能的情况下，去争取支配自然、征服自然。就这点而言，他似乎又超出了“天人合一”传统思想的内涵。

蒋经国对“天人合一”体育思想的认识不仅体现在他所制定的体育法规和组织的体育活动上，而且自己在参与体育运动中也真正做到了“天人合一”和与大自然的亲密融合。他的这一体育思想我们可以从以下具体事例进行分析：(1) 突出太阳、空气、水对于身体的意义。在三民主义青年团干部训练班和公仆讲习会里，他强调指出“太阳、空气、水是我们最好的朋友，……今天我要大家把上衣脱光，赤膊地来晒太阳跑步。一般人看起来也许说这是不太雅观的；但是我认为这是彻底锻炼身体的方法。”[③] “太阳、空气、水、是我们最忠实的朋友，这是最好的补品，我们应当和它们做终身的好朋友。”[③]由此看出，蒋经国十

① 吴传志．正气中学［C］//江西省政协文史资料委员会．江西文史资料（35），1989：257

② 仲鹏飞．“天人合一”的哲学思想与现代体育［J］．理工高教研究，2002，21（1）：55-57.

③ 蒋经国．训练日记［C］//蒋经国自述．长沙：湖南人民出版社，1988.

分注重身体在自然环境中进行体育锻炼的效果，以求得国民在自然条件下体魄的强健。(2) 锻炼形式多样，因地制宜。在讲习会中，为了培养公仆们随时随地、不拘条件限制锻炼身体的意识，蒋经国采用的锻炼形式可谓五花八门，有摔跤、沙滩跑步，也有登山、涉水等，也就是只要在条件允许下，他就会因地制宜创设锻炼的机会，并亲身做好表率，带领学员，融于自然之中以求身心两健、身心俱佳；还利用元宵节舞龙、舞狮，端午节划龙舟等民族传统体育项目开展形式多样的体育运动。(3) 蒋经国对“天人合一”体育思想的认识还体现在对自然法则的遵循上。比如在中华儿童新村的教育方式上，按照学生不同年龄的生理、心理特点进行锻炼，以及充分利用自然环境对儿童进行身体锻炼，借此使人与自然有机地结合起来，让人充分享受到自然的恩赐，使人的身体更加适应自然的变化，适应社会发展的需求，最终成为身心两健的自然人。(4) 坚持健身，做好表率。有记载，蒋经国在他三十岁时，还能每天步行五十七里路，这是与他留苏十三年冰天雪地的磨炼以及他长期锻炼身体分不开的；① 在 1942 年 10 月“第四届区公仆运动大会”和 1943 年的元宵节活动中赤膊角力、赤膊舞龙灯等都说明了他在体育运动中力求贴近民众、贴近自然，做到人与人之间、人与自然之间的和谐相处。

蒋经国思想的多元性是导致他把体育与“天人合一”的思想有机结合起来的根本原因，这些对于我们今天开展体育运动也具有一定的借鉴意义。

(五) 崇尚健康的体育思想

体育与健康的关系许多专家学者从不同的侧面进行过论述，这里结合当时《新报》上的一篇文章来分析论述。在《体育与健康》这篇文章中指出：“国家的强弱，在于国民的健康；国民的健康，在于体育的注重。健康与体育的关系，实有不可分性。但何谓健康，健康的定义是：健康之于人类机体为一种容许个人最适宜于发育的情形，使个人与社会关系间有最丰富的生活及最高效率的服务”。② 紧接着文章指出，“健康的意义，不仅在于无病，而是指体力的强健，应常常在快乐的环境中生活着，并且对社会有高度效率的服务，那么要做到这种地步，只有用体育的办法去锻炼、去养成。但是所谓体育，却又是不完全一种技术上的比较，而是教育的一部分，站在教育的立场上，用各种不同的方法让身体向上的发展，这样才叫作体育”“所以健康与体育看似前后相因，而其实是同时出现的，所以又有人说‘体育是藉运动使身体强健或养成忍耐的精神的’。”从这篇文章的论述中，我们可以发现在蒋经国主政赣南的时期对健康及体育与健康的关系已经有了一定的认识，这些理论知识的明晰为蒋经国崇尚健康的体育思想的

① 蒋经国．吃苦冒险创造建设新赣南［C］//蒋经国先生全集（3）．1992：25.

② 中华民国档案卷［C］//文教卫生科——体育．1946.

形成具有重要的指导作用，在他颁布的《江西省第四区行政督查专员公署颁给国防体育奖章暂行办法》这一行政法规的指导思想“本区专员公署为发展本区国民体育及增进有关国防体育技能之训练与养成坚毅果断之意志、鼓励勇敢奋斗之精神”中我们也可以看出蒋经国对体育作用的理解，在体育促进健康方面已不仅仅局限于体质强健，还发展到磨炼意志和培养精神的更深层次。

由于人类对健康的认识在相当长的时间内局限于医学范畴，因此对健康的定义往往都是从生物和医学方面来界定的，我国对健康曾经比较经典的解释是“（人体）生理机能正常，没有缺陷和疾病”。[①] 显然，这种定义无法诠释现代社会所需的健康的全部内涵。随着社会的进步和时代的发展，人们逐渐认识到人的健康与疾病不仅受生物因素的影响，而且受到社会的、心理的因素和个人生活方式的制约。因此，1948 年世界卫生组织在宪章中指出：“健康不仅是免于疾病和虚弱，而且是保持身体上、精神上和社会适应方面的良好状态”，首次提出了多维的健康观。[②] 1989 年，世界卫生组织又进一步深化了健康的概念，认为“健康应包括身体健康、心理健康、社会适应良好和道德健康”，从而赋予了“健康”鲜明的时代特征。在我国也有人将健康的内涵概括为“以生理机能为特征的身体健康，以精神情感为特征的心理健康和以社会实践为核心的行为健康”。[③] 这些对健康内涵的论述都很有代表性。

对于蒋经国主政赣南时期所反映出的崇尚健康的体育思想，可以从他在此期间进行的社会革新、经济建设、文教建设等方面的点滴反映出来。例如，在社会革新活动中，通过禁烟毒切断侵害国民身体的毒瘤，还国民健康的体魄；通过查赌博，以求彻底清除封建遗留的劣习，树立健康文明的社会风气；通过禁娼妓，来达到清除社会陋习的目的，同时还成立妇女联合会，开展健康文明的娱乐活动，不但拯救了一些妇女，净化了社会环境，更重要的是提升了妇女的社会地位，最大限度地调动了妇女投身抗战的积极性。

蒋经国崇尚健康的体育思想还表现在以下几个方面：（1）提倡通过以国术和民族传统体育运动项目健康体魄的国情教育和民族主义教育。如在每年的元旦在赣州东门外举行自行车比赛，元宵节举行闹花灯、踩高跷竞赛，重阳节举行爬山比赛等。蒋经国还结合在留学苏联时期的军事训练和赣南当地的具体情况，以武术、军训作为训练形势和内容，形成了一条土洋结合、发扬我国传统体育运动的国情教育，为培养普遍的军事能力和生产能力等做了积极的探索。（2）建立健康之堡垒，体卫结合。为把“健康第一”落到实处，提高国民对身体健康的认识，对建立科学的健康堡垒提出几个方面的注意事项：1）改善国民的生活条

① 中国社会科学院语言研究所词典编辑室．现代汉语词典［M］．北京：商务印书馆，1996：622.
② 国家体委群众体育司．社会体育指导员培训教材［M］．天津：天津人民出版社，1996：131.
③ 王广虎．健康历年内涵的把握与学校体育改革的思考［J］．成都体育学院学报，2001（4）．

件。如平抑物价、开展社会救济工作。2）改善卫生条件。卫生的养成教育主要体现在《新赣南家训》的学习宣传上，“东方发白，大家起床，洗脸刷牙，打扫厅房。天天运动，身体健康，内外清洁，整齐大方……祸从口出，休要说短论长；病从口入，卫生不可不讲”。[①] 3）改善学校体育设施。将原四区学校运动器具仅限有沙坑、跳高架的状况改建为有滑梯、跷跷板、秋千、沙箱、跳绳、篮球场和运动场等，使之符合教学和运动需要。4）预防疲劳的休息，强调体育锻炼的意义。如在公仆讲习会中实行“一面训练、一面工作，半天办公、半天讲习”的学习方式；当他“有感于公务人员埋头伏案而忽视锻炼，身体不很健全，弯腰驼背的很多”时，就亲自带领他们进行跑步比赛，使他们认识到在工作之余应注意锻炼自己的身体。（3）体育锻炼与健康教育相结合。通过进行角力比赛和早操时蒋经国亲自带领同学跑步等手段，使民众认识到体育锻炼与健康教育的相互关系。(4）注重运动，强调体格、体质、气力等相结合。

蒋经国在赣南主政期间，通过颁布各种法规和组织、参与形式多样的体育运动，不但改善了民众的生活条件，而且提高了国民对健康的认识、对体育锻炼的认识，更重要的是通过这一系列措施，对于个人的健康和当时赣南作为抗战的大后方都发挥了积极意义。

显而易见，今天，我们通过蒋经国主政赣南时期的主要体育实践来分析他当时的体育思想，而对于蒋经国本人来说，他所具有的各种体育思想指引着他所做出的各种体育实践，即体育事件是他体育思想的真实反映。

通过以上分析，我们认为蒋经国在赣南主政期间的国防体育、国民体育、学校体育和干部培训等体育实践之间、各个体育实践和体育思想之间不是彼此孤立的，而是相互联系、相互影响的。具体表现为：一个体育事件并不是单纯的反映出他的一种体育思想，同样，我们还应该认识到蒋经国所具有的某种体育思想也会导致他组织、策划出几个体育事件来。

第四节　结　　论

（1）蒋经国主政赣南六年，是他一生中作为地方长官施政的两个重要时期之一。赣南经验不但为他挣得了干练有活力、有创意、清廉正直领导人的名声，具有了行政及地方发展经验，同时也为他在台北时期的政治仕途奠定了基础。

（2）蒋经国体育思想的形成是主客观条件共同作用下的结果。在抗战进入相持阶段这一客观条件下，蒋经国在赣南进行的社会革新、经济建设、文教建设和干部培训、新生活运动等一系列社会活动中都包含了体育的元素，在这些元素

---

① 徐浩然．蒋经国章亚若在赣南的日子［M］．北京：华文出版社，2001：44.

中涵盖了国防体育、国民体育、学校体育、干部训练等体育实践，为我们研究蒋经国这一时期的体育思想提供了事实依据。

（3）蒋经国思想的多元性是使得他体育思想丰富与适应其所处时代的根本因素，同时也使他主政赣南时期在体育实践方面有所成就，从而对研究蒋经国的体育思想具有了深远的历史意义。分析认为赣南时期的蒋经国多元性思想构成主要有：儒家思想、三民主义思想、社会主义思想、实用主义思想。蒋经国哲学思想的多元性必然会使他具有丰富的体育思想。他的体育思想必将会推动社会的发展，同时又受到当时社会政治、经济、文化等多方面的影响。

（4）体育思想指导体育实践，体育实践是体育思想的真实反映。通过总结蒋经国赣南时期的体育实践，认为此时蒋经国的体育思想主要有国防体育思想、国民体育思想、“文武合一、身心兼修”的体育思想、“天人合一”的体育思想和崇尚健康的体育思想。

（5）蒋经国赣南时期的体育思想对改善当时民众的生活条件、提高国民对健康的认识等都发挥了积极作用。这一系列措施的实施，为民众的健康和赣南作为抗战大后方的战略地位奠定了坚实的基础。

第五章　中央苏区赤色体育及其当代价值

中央苏区是土地革命战争时期，由闽西、赣南革命根据地组成的根据地。赤色体育指的是在中央苏区举办的各种体育活动，有军事体育、群众体育、妇女体育等体育活动，参加人员有红军指战员、机关人员、妇女儿童、少先队员等，举办了跳高、赛跑、爬山、军事操、枪刺等体育活动。在老一辈革命家的指导和关怀下，中央苏区的赤色体育不但有了专门的组织机构和机构人员，而且组织了紧贴实际、富有成效和形式多样的体育活动，在艰苦的战争环境下，提高了军民的体魄和锻炼了战斗的意志，对发展中央苏区各项事业有重要的推动作用，对土地革命时期战胜国民党反动派也起到很大的作用。我国对体育活动十分重视，国家对竞技体育投入大量的人力、物力和财力，我国体育健儿在奥运会等国际大型运动会上都取得了十分优异的成绩，群众体育活动也发展十分迅速。尽管我国各类体育活动发展取得很大的成就，但是仍然存在很多发展问题。中央苏区赤色体育活动有很多发展经验，这对当前体育活动的开展具有很大的指导作用，能够更好地推动群众体育活动。

第一节　中央苏区赤色体育活动概述

一、赤色体育活动开展情况

自 1931 年后，中央苏区的统治越来越巩固，为开展苏区体育事业创造了有利条件。当时，中央苏区本着“体育为军事服务的方针”大力发展群众性的赤色体育，大力发展红军体育活动，军队积极组织各类体育活动，来带动群众性的体育活动。赤色体育参加人员的范围很广，有红军指战员、机关人员、学生和广大群众，尤其是学生赤色体育活动具有鲜明特色。此时，按照实战的模范要求，军事体育设计贴切，让学生成为体育训练的主力，学生体育活动占据重要的地位。

（一）组织各类大型运动会

在当时情况下，中央苏区积极组织了多次大规模的体育活动，如“一苏大”体育比赛、篮球赛、五卅运动会等。“一苏大”体育比赛全称是“中华苏维埃第一届工农兵游艺大会”，是比较有代表性、影响性的赤色体育活动，于 1931 年在瑞金县成功举办，比赛项目有障碍跑、跑步、跳远、爬云梯等体育活动。赤色体育最隆重的比赛活动是“中华苏维埃共和国五卅体育运动会”，于 1933 年 5 月 30 日开始，活动持续 5 天，是苏区唯一的大规模“全运会”。很多单位和地方代表都积极派员参加，总共有 19 个单位，180 名运动员参加，体育大会设有篮球、排球、足球、乒乓球等 18 个运动项目。这届体育大会成立了专门的主席团和委员会，由博古担任主席团成员兼任总评判主任，委员会委员有项英、张爱萍、邓发和施碧辰等人，毛泽东、朱德、周恩来等领导人都出席了运动会。① 为了促进中央苏区体育运动发展，在这次大会闭幕式上成立了“中华苏维埃共和国赤色体育运动会”。

（二）部队组织的体育活动

为增强军队战士的身体素质，保持战士的战斗热情，红一军团于 1933 年就举办了五一体育运动大会。这次军队体育运动大会，选在江西永丰县举办，参加军队囊括了所有在中央苏区的红军队伍，有红四军、红三军、红一军团和红十二军等，各支队伍都选拔了参赛代表队员，部分队伍甚至提前进行了人员选拔，最后总计有 200 余人参加了比赛。这次体育运动会项目和比赛形式就非常贴近实战，重在考验战士的身体素质，主要是田径、篮球、军事竞赛等项目。中央领导人对这次体育活动都非常重视，时任总司令朱德和总政委毛泽东都参加了开幕仪式，并对这次体育活动给予高度的评价，“指示专门制作了五一体育运动会奖状”。这次运动会取得很大的成功，激发起广大红军指战员体育锻炼的热情，保持持续作战的激情，具有深远的指导意义。同时，红军学校也积极组织篮球等球类比赛，1933 年红军学校就和保卫局进行过篮球比赛等体育活动。

（三）组织群众类体育活动

借鉴大型运动会和红军体育活动经验，群众性的体育活动也开展得如火如荼，根据历史文献资料，毛泽东主席就高度表扬了中央苏区体育活动，尤其是对群众赤色体育活动给予高度评价。中央苏区非常重视群众性体育运动和竞技性体育比赛，目的就是提高群众的身体素质，广泛发动群众开展体育锻炼和比赛，举办了群众类体育活动。1933 年 8 月举办了“中国工农红军首届赤色体育运动大会”，选择在江西省宁都举办，这是大规模的赤色体育运动会，从中央苏区范围内选拔优秀运动员，工农劳苦群众等社会各阶层都可以参赛，按照地域范围层层推选出参赛运动员，来锻炼群众的身体，也磨炼出顽强的战斗意志，来为革命战

① 李万来．抗日战争时期党领导的体育运动［J］．成都体院学报，1986（1）．

争大局服务。① 中央苏区苏维埃政府高度重视体育活动，支持基层政权开展形式多样的体育活动，在根据地村庄，很多村民自发组织起来，在农闲时节开展各种体育活动，来活跃自身的精神生活。同时，在其他苏区也很重视群众体育活动，如福建省苏维埃就举办了一次游艺体育运动会，来开展群众性的体育锻炼和比赛。

二、中央苏区领导人的体育思想

赤色体育是土地革命战争时期社会工作的重要领域，是为军事斗争服务的社会事业。赤色体育在土地革命战争时期发挥着重要的作用，提高了广大红军指战员的战斗热情，也提高了群众战士的身体素质，是革命战争的重要组成部分。赤色体育有着先进的体育思想做指导，是马克思主义哲学体系的组成部分，体现着思想性和政治性的特征，赤色体育是当时革命战争下的历史产物，代表着当时鲜明的时代特征，体现出军事体育的思想，并服务于中华苏维埃共和国的中心工作，是中国共产党的革命思想文化的重要部分。赤色体育的体育文化有着深远的历史意义和现实指导意义，有很大的研究价值和现实意义，为目前社会主义体育思想提供了重要思想理论，丰富和发展了社会主义体育理论体系，值得我们进行深入研究。中央苏区赤色体育蓬勃发展，离不开领导人的大力支持。他们的体育思想都深深影响了赤色体育的发展，对体育方针政策制定、体育实践、体育运动和群众性体育活动都有鲜明的指导意义。各位领导人的体育思想是中央苏区体育运动的重要思想保障，也是当前我国体育事业繁荣的思想保障。② 历届领导人的体育思想有鲜明的历史脉络，是一脉相承的，都是中国特色社会主义理论的重要组成部分，有很重要的历史研究意义。

（一）毛泽东同志的体育思想

毛泽东同志非常喜欢体育运动，尤其是喜欢游泳运动，来锻炼身体、增强体魄和磨炼意志。在革命年代，毛泽东同志就从国家和民族发展的长远角度考虑，大力发展赤色体育运动。同时，在当时的战争状态下，赤色体育也对打败国民党反动派和反击日本侵略者发挥着重要的作用。在长期的实践当中，毛泽东同志提出了很多体育思想：

（1）群众体育思想。毛泽东同志在《体育之研究》就明确指出“国力羸弱，武风不振，民族之体质，日趋轻细，此甚可忧之现象也”。③ 清末民国时期，中华民族屡遭欺凌并被冠以“东亚病夫”，这都深深刺激了有志之士的奋起。为了

---

① 林伯原，谷世权．中国体育史［M］．北京：北京体育学院出版社，1989.

② 郭仁辉，王增明．中央苏区民间体育的开展和特点初探［J］．唐都学刊，1994（4）．

③ 徐正旭．对红色体育的再认识——以文化自觉为视角［J］．河北体育学院学报，2015（4）．

改变羸弱的民族体质，毛泽东同志就非常重视体育强民兴国，在中央苏区大力推广群众性体育活动。他强调体育活动的广泛性，不要局限于比赛场地和比赛条件的限制，在客观基础条件不好的情况下，多组织一些简易的体育活动，不仅仅是组织球类运动，而是要组织捉迷藏、武术等各类体育活动，确保体育活动的形式要丰富多彩，尤其是在偏僻地方也组织群众体育活动，并积极兴建体育活动场所，尤其是多建设简易的运动场，为体育活动提供场所。他也倡导部队帮助开展群众体育活动，以队伍基层单位为基础来开展活动，去带动周围群众参加体育锻炼，增强身体素质。毛泽东同志积极推动群众体育规范化发展，在制度层面做出长远规划，1933 年就指示中央教育部编印《俱乐部的组织和工作纲要》，明确强调群众性俱乐部在体育活动中的重要作用，利用俱乐部来带动群众开展体育活动，注重发挥俱乐部专业的优势，推广普通操、器械操、劈刺、竞争游戏等体育游戏。毛泽东同志将体育活动看作实现远大目标的重要组成部分，提出群众体育坚持“锻炼工农阶级铁的筋骨，战胜一切敌人”的体育工作方针，强调群众体育活动的政治性，来推动体育活动的发展。

（2）军事体育思想。在土地革命战争时期，军事斗争每时每刻都在发生，对体育等其他活动都有很深的影响。毛泽东同志在战争环境下，将军事斗争与体育活动紧密结合起来，让体育活动为军事斗争服务，形成自身独特的军事体育思想。随着现代战争技术的发展，武器发挥着越来越重要的作用，但是士兵个体的素质仍然是影响战斗力的重要因素。如果士兵缺乏训练，身体素质差，就没法扛枪作战，更提不上运用新的战争技术，担负不起保家卫国的重任。为此，毛泽东同志高度重视军事体育工作，尤其是强调广大红军指战员要把加强体育军事训练作为一项重要工作来抓。① 毛泽东认为军队可以组织一定形式的体育活动，如“捉迷藏、打足球、武术”等。为确保军事体育活动取得长久实效，毛泽东同志强调军事体育与战争实践相结合，在军事战斗的间隙进行体育锻炼活动，并且可不定期举行军队运动会，来激发起指战员的锻炼热情。在军事体育活动形式上，就本着为打仗服务的理念，按照战争实际情况设置跳高、跳远、标枪等体育活动，这些体育活动利用简易场地就可组织实施。毛泽东同志高度重视军事体育活动，多次亲临运动会现场来指导工作，经常参与运动会中甚至担任过评判员。为了促进部队军事体育的发展，毛泽东同志以中央政府的名义提出“锻炼工农阶级铁的筋骨，战胜一切敌人”的工作方针，尤其推崇军事体育和田径运动。按照毛泽东同志的指导方针，各地部队和军事学校都积极开展体育活动。

（3）竞技体育思想。毛泽东同志心里总装着人民，考虑问题都是站在人民的角度，对待体育发展也是如此。他明确反对只单纯发展竞技体育追求成绩的做

---

① 胡小明．体育人类学方法论［J］．体育科学，2013（11）．

法，强调将群众体育与经济体育协调配合发展，对待竞技体育一定注重普及性。对待竞技体育发展，他坚持科学的态度，强调遵循体育发展规律，不能人为拉高预期目标，而出现不切实际、胡乱作为的行为。① 想提高竞技体育的水平，首先要有一定的群众基础，有稳定的热爱体育运动的群众，才能提供充足的种子选手；其次，竞技体育还要经历一段长时间的发展过程，提高竞技体育水平不是一朝一夕就可以完成的，运动员的成长有一定的发展规律，不能急于求成，要做长期的作战准备；最后，国家要重视竞技体育的发展，从国家层面为竞技体育发展做好规划，统筹安排好群众体育与竞技体育的关系，为竞技体育发展提供好的政策环境。国家要加大对竞技体育的资金投入，做好竞技体育发展的后勤保障，尤其是建立对运动员的系列扶持保障力度，让其能够全身心地投入到体育活动中去，来带动群众体育活动的繁荣发展。

（4）女性体育观。毛泽东同志高度重视女性的解放运动，认为这是改变中国贫困落后局面的重要措施之一，是关系到国家发展前途的重要举措。② 毛泽东同志讲过“无论什么事情，没有女子都不能成功”。他强调中国女性挣脱封建枷锁，不但要实现人身自由与解放，更要实现女性的全面发展，这当然包括女性体育的发展。在中国共产党早期关于女性体育的《谈谈女同志的体育活动》《大时代的新女性》等文件中，明确提出女性体育工作的重要性，要掌握女性体育运动与女性解放运动相结合、联系的方法，将女性体育作为女性解放、实现男女平等的重要手段和标志，成为女性社会活动的主要内容，女性体育活动得到普遍的发展。③

（二）周恩来同志的体育思想

周恩来同志也是一名体育爱好者，对中央苏区体育事业也付出很多的心血和努力。针对中央苏区的体育工作，他也提出了很多政策，做出了很多指示，形成了独具特色的体育思想：

（1）体育教育思想。在当时革命战争年代，周恩来同志就非常重视体育教育工作，认为体育教育是关系到中国革命的未来，也是个人成长进步过程中不可缺少的重要教育组成部分。④ 他提出，体育是学校教育的重要部分，是学生德智体全面发展的需要。周恩来同志非常重视学生的身体健康，认为身体健康是从事学习和革命的前提条件。为了保证学生的身体健康，体育教育是一项可以依赖的

---

① 常保荣，牛秀燕．新时期“红色体育运动会”的概念价值及意义［J］．陕西教育（高教版），2011（Z1）．

② 史进，刘晓莉，于学岭，等．红色体育研究［J］．体育文化导刊，2011（12）．

③ 崔乐泉，李剑中．中央苏区体育运动的兴起及其发展［J］．体育文化导刊，2005（7）．

④ 胡小明．论中华体育精神的重构［J］．武汉体育学院学报，2009（3）．

重要举措。体育教育还可以养成学生吃苦耐劳的精神和勇敢坚毅的品格，能帮助学生战胜艰难险阻和克服各种困难环境，迅速成长为勇敢善战的红军战士。

（2）群众体育思想。周恩来同志认为，人民群众是革命战争胜利的群众基础。群众的身体素质也决定着革命战争的胜利进程。[①] 体育运动作为一项活动，能增强群众体质、改善身体健康状况，是人们正常生活的保证，也深深影响着中央苏区的反围剿战争。首先，坚持体育为群众服务的理念。强调体育活动的普及性，不能像旧社会那样只能富家子弟享受体育锻炼，所有的群众包括贫农子弟都可以享受体育活动，发挥为人民服务的社会功能。为了达到体育活动的普及性，政府就必须提高场地和体育设施，鉴于当时恶劣的战争环境，根据各地的实际情况修建一些简易的体育活动场所，尤其是在学校兴建体育活动设施。[②] 其次，坚持卫生与体育相结合。通过研究当时的史料和相关文献，发现疾病是威胁群众身体健康的最大因素。受困于当时的医疗条件，预防疾病是保障群众身体健康的最佳方法。体育锻炼和讲求卫生则是预防疾病的保证。为了讲明体育锻炼、卫生和身体健康的辩证关系，周恩来同志指出体育锻炼是身体健康的内因，讲求卫生是身体健康的外因，体育锻炼与讲求卫生也是互相影响的辩证关系，都是预防疾病、增强群众体质和保持健康的影响因素。最后，坚持工农学阶级体育活动齐头并进。要想开展好体育活动，必须创造浓厚的体育运动氛围，坚持工人阶级、农民阶级、学生、机关人员和部队战士都积极参与体育活动，来加强自身锻炼，提高身体素质，进而提升人民群众的整体身体素质。在激烈的革命战争间隙，周恩来同志经常组织机关团体人员进行体育锻炼，来影响周围的人投身锻炼，增强身体体质，来夺取革命战争的胜利。为了协调了两者的关系，周恩来同志强调以群众性体育普及活动为主，在体育活动普及基础上来大力发展竞技体育。

（三）朱德同志的体育思想

朱德同志作为中央苏区重要领导人，也非常关心赤色体育发展，提出很多先进的指导思想，也大力支持赤色体育发展。在 1933 年的五一运动大会上，朱德同志就参加了开幕式，非常关注赤色体育情况。朱德同志的体育思想有：

（1）军事体育思想。朱德同志作为红军总司令，认为赤色体育是军事训练的重要组成部分，能够增加战士的身体素质，也能激发战士的斗志。同时，赤色体育能丰富锻炼形式，提高战士的锻炼积极性，保持旺盛的战斗欲望。当时中央苏区面临频繁的战争威胁，红军战士很难有系统的正规军事训练，开展军事体育锻炼就成为一种非常现实的选择。在赤色体育锻炼项目上，朱德同志主张结合各地现实情况，因地制宜开展体育活动，多开展篮球、长跑等竞技体育项目，与战

---

① 党挺，虞重干．近 60 年我国红色体育研究评析［J］．上海体育学院学报，2010（4）．

② 郝勤．论中国特色体育发展道路的历程、内涵及基本经验［J］．体育科学，2009（10）．

斗实践有密切的关系，来提高红军战士的战斗力。

（2）群众体育思想。朱德同志非常重视体育结构建设，多次对赤色体育机构建设提出建议，从人员、经费等方面全力支持赤色体育活动。朱德同志强调体育活动的普及性，不能像旧社会那样只能富家子弟享受体育锻炼，所有的群众包括贫农子弟都可以享受体育活动，发挥为人民服务的社会功能。同时，他主张建立赤色体育组织机构，提议由张爱萍同志负责体育事业，来具体组织领导各项体育活动，并成立了赤色体育运动委员会，来组织群众体育、机关单位的体育活动，确保体育活动顺利开展。他也非常重视青少年工作，尤其是重视青少年的体育工作，多次出席青少年体育锻炼活动，对青少年赤色体育活动的地位、性质和作用做了明确的定位，提出了多组织少年操、跳高和跑步等体育活动形式，推动青少年体育活动。

三、中央苏区的赤色体育特征

（一）全民参与

中央苏区体育活动有先进的指导思想，毛泽东同志和周恩来同志等党和国家的领导人都重视发展群众体育，并多次做出了指示，来提高人民群众的整体身体体质。因此，中央苏区体育活动在军队战士、群众、学生和机关人员间广泛地开展起来，具有全民参与的重要特征。① 首先，俱乐部和列宁室等作为活动场所。为了普及群众体育活动，让大家有活动的场所，就设立了很多体育俱乐部或者列宁室，这样就为大家体育锻炼准备了活动场地。在这两个机构中，普遍实行会员制，来管理大家的体育活动，有相应的使用管理规定或规则，来规范会员的使用权限，与现代体育俱乐部的不同之处就是不用交会费和没有专业教师来指导。据当时的统计资料表明，“中央苏区体育俱乐部 19717 个，固定会员 10 万余人”。其次，开展丰富多彩的竞赛活动。为了保持全民参与体育活动的热情，积极引导大家参加体育锻炼，中央苏区开展了各种形式的体育运动会，组织了“一苏大”体育比赛、中华苏维埃五卅运动会等各类大规模运动会，根据统计资料，仅 1931 至 1933 年就举办了 20 多次运动会，为工人、农民、战士和学生等团体参加体育锻炼提供了机会，极大鼓舞了全民体育锻炼的积极性。党和国家的领导人也身体力行，以身作则，亲自组织和参加体育锻炼活动，毛泽东等领导同志参加五卅运动会开幕仪式并做讲话，毛泽东、周恩来等领导同志也和战士参加力所能及的体育活动，如爬山、打野操等体育项目。最后，青少年参加体育活动。中国共产党一贯重视青少年的培养成长，党和国家领导人从组织、教育、体育等各个层面加

① 郑彩壮，郑胜．中央苏区赤色体育的特点及其现实意义［J］．湖南医科大学学报（社会科学版），2008（2）．

以呵护和扶持其成长。1931 年，中央苏区共青团就颁布了《团中央关于儿童运动决议案》，明确指出体育运动是教育劳动儿童的方法之一。儿童团成员主要是八至十四岁儿童。1933 年，下发了《湘赣苏区儿童团工作决议案》，提倡儿童团开展游戏操、跳高、拍皮球等各类体育活动。同年，苏区中央相继举办了共产儿童团大检阅和列宁小学校学生大检阅活动，比赛内容有团体操、赛跑、打秋千、叠罗汉等各种体育活动，这些体育活动既增加了儿童生活的有趣性，也提高了儿童的身体体质。对于十六至二十三岁的青年，中央苏区则组织了苏区少先队，这是红军队伍的后备军组织，主要参加以军事训练为主的体育活动。少先队有着严格的组织纪律，体育活动也有较规范的管理制度。1933 年，少先队就有《少队游戏》与《少队体操》两本体育教材，作为少先队体育活动的体育教学用，这是中央苏区最早的体育课本，具有非常重要的意义。这些教材得到了广泛的传播，曾经被小学当作体育课教材，有着深远的影响。为了检验少先队的体育锻炼效果，1932 年，中央苏区举办了“中华苏维埃共和国少先队第一次总检阅”，这次检阅活动项目多与军事斗争有关，如 1600 米接力、障碍赛跑、军事操、野外演习、游泳等项目，这都提高了少先队员的战斗素养，为将来成为一名合格的红军战士奠定了基础。

（二）为军事斗争服务

中央苏区是人民军队诞生的地方，加上国民党反动派组织了五次大的围剿，因此，中央苏区各项工作都与军事斗争密切相连。赤色体育作为中央苏区的一项重要社会工作，也必然带有鲜明的革命性，有为军事斗争服务的特征。赤色体育区别于一般体育活动，首先，赤色体育诞生于革命战争时期，其目的就是增强人民大众的身体素质，来夺取革命战争的胜利。所以，赤色体育在源头上就与军事斗争紧密相连。其次，赤色体育是无产阶级领导的体育活动，是为了推翻封建主义、官僚资本主义和帝国主义三座大山的压迫而组织的活动，并以斗争性最高的劳苦大众作为活动主体，具有军事斗争的天性。赤色体育的最终目的之一就是推翻压迫、获得解放，所以说，这样的军事斗争目的决定着赤色体育要为革命战争服务。最后，深受战争环境影响。在土地革命战争时期，中央苏区陷于白色政权包围之下，国民党反动派先后组织了五次大规模围剿，红色政权时刻面临着战争威胁，各项社会运动和社会组织也要为军事斗争做准备。赤色体育作为重要的社会活动，是与中央苏区每个指战员和人民群众密切相关的活动，因此，赤色体育也带着鲜明的军事斗争特征，来为夺取革命战争胜利而服务。

赤色体育与军事斗争紧密结合，是一种成功的战争实践，非常适应当时严峻的军事斗争形势，在一定程度上确实提高了军队的战斗力和群众的战斗热情，成为土地革命战胜利的重要影响因素。[①] 毛泽东同志就曾前瞻性地指出，体育运动能提高广大官兵的勇敢，在武器装备处于劣势的情况下，仍然勇敢地去战胜敌人。例如在取得粉碎第四次围剿的胜利后，就举办了中华苏维埃共和国五卅运动会，既是为了纪念五卅运动，来传承五卅运动的斗争精神和斗争意义，也是继续保持大家的战斗热情，来保住第四次反围剿的胜利局面。况且，当时中央苏区面临频繁的战争威胁，红军战士很难有系统的正规军事训练，开展军事体育锻炼就成为一种非常现实的选择。中央苏区少先队和军事学校都经常组织体育锻炼，锻炼项目非常接近实战要求，如跑步爬山就是经常训练的科目。这是由于中央苏区多山地，并且红军队伍坚持游击战、运动战的军事战略，因此，红军战士能长跑就是最基本的身体素质。毛泽东等老一辈领导人都非常重视红军战士的体能训练，经常就地开展体育训练，组织战士进行登山、跳远、跳高等训练，此时的体育训练非常接近实战，带有明显的军事斗争特征。[②]

（三）重视思想教育

中华苏维埃共和国是无产阶级领导下、实行工农专政的革命政权，是以实现推翻帝国主义、官僚资本主义和封建主义三座大山压迫为目的的政权，是有远大革命理想和抱负的政权。当时，苏维埃政权是以马克思列宁主义为指导，并逐渐形成了正确的毛泽东思想，这是马克思主义与中国革命实践相结合的产物。赤色体育作为中央苏区的社会运动，都必然贯彻着推翻反动统治、建设新社会的思想。[③] 这是赤色体育与一般体育活动相区别的重要原因，也是赤色体育保持旺盛生命力的原因所在。首先，毛泽东同志提出了赤色体育方针。为了指明赤色体育的发展方向，毛泽东同志提出了“锻炼工农阶级铁的筋骨，战胜一切敌人”的体育方针，作为举办体育活动的指导思想。中华苏维埃共和国政府将此方针作为赤色体育的发展方向，用此口号来动员青壮年积极参加体育锻炼，来增强体魄、提高身体素质。中央苏区政权在发展赤色体育活动时，一方面强调军事体育的重要性，另一方面强调党对赤色体育的领导，确保赤色体育能为土地革命战争的胜利服务。其次，重视政治教育。赤色体育的先进性、革命性和阶级性就体现为有正确的马克思主义作为理论指导。思想政治教育是保证赤色体育永不褪色的重要保证。只有持续不断地加强思想教育，才能保证赤色体育活动沿着正确道路前行。在土地革命战争时期，红军战士体育锻炼是赤色体育的重要内容。[④] 对于广

① 秦婕．基于政策视角下的青少年体质健康促进研究［J］．西安体育学院学报，2015（1）．

② 曾飙．再论苏区体育工作方针——兼评苏区体育精神［J］．体育文化导刊，2007（12）．

③ 王爱华，李艳．红色资源的时代价值与教育功能［J］．学校党建与思想教育，2014（4）．

④ 王敬．红色资源再开发与高校社会主义核心价值观教育实效性研究［J］．中国成人教育，2014（1）．

大红军指战员来说，在频繁的战争间隙中，除了做好生产和学习活动，还要做好“三操两讲”。“三操两讲”是红军队伍的基本训练方式，“操”就是各种军事训练，赤色体育锻炼就是重要内容；“讲”就是讲政治，即是思想教育，这包括马克思主义、群众工作、纪律要求等。红色政权很注重体育锻炼与思想教育的辩证统一关系，在现实实践当中注意两者的紧密结合，在军事体育锻炼当中做好思想教育，来激发出广大官兵的革命热情。通过思想教育活动，让广大官兵和群众明白赤色体育锻炼的目的，是为了争取革命战争的胜利，是为了推翻“三座大山”的反动统治，是为了建立美丽幸福的新中国。最后，有毛泽东、周恩来等领导人的体育思想作指导。如果没有先进的体育思想作指导，赤色体育与一般的竞技体育没有区别，只能起到增强体质、争夺竞赛成绩的作用，这就埋没了赤色体育的核心作用。毛泽东同志体育思想的本质就是全心全意为人民服务的宗旨，这是站在人民的立场上来考虑体育问题，这样就赋予赤色体育救国救民的重任。毛泽东同志始终坚持体育要为革命战争服务的原则，这其实体育服务人民的集中体现，这是在土地革命战争时期的最终要求。① 这时期的赤色体育吸引了广大群众的积极参与，通过实用、实战的军事训练，做到体育为战争胜利服务。

（四）继承性与创新性

自古代以来，我国体育活动就非常的繁荣，涌现出足球、马术、武术比赛等多种体育项目。赤色体育是我国体育艺术发展到民国时期的产物，继承和发扬了古代体育活动的优点，并为当前的体育活动有重要的指导作用和借鉴意义。② 首先，指导思想继承了优秀的传统体育思想。春秋战国时期各种思想文化空间繁荣，儒家思想都主张文武兼备，尤其是孔子的“游于艺”的教育主张。随后，历朝历代都非常重视体育锻炼，也形成了传统的体育思想。毛泽东、周恩来同志都深受传统文化的影响，尤其是推崇“文武兼备”的体育思想，主张加强体育锻炼，吸收古代优秀的体育活动形式，来为赤色体育服务。其次，继承了我国古代体育运动形式。中央苏区赤色体育是为军事斗争服务的，简单实用，贴近实战，赤色体育内容包括很多传统体育活动形式，如武术、爬山、游泳等活动。尤其是武术不但能强身健体，对格斗也有很大的帮助作用，有助于夺取革命战争的胜利。资料记载，“1928 年龙岩县农民会员的大部分青壮年参加了国术馆”，可见当时对武术的重视。③ 最后，农民占赤色体育人群的大部分。自古以来，农民

---

① 李鸿鸽．民国时期中共革命根据地的群众性体育活动研究（1931-1945）［D］．长春：东北师范大学，2008.

② 胡达道．井冈山军事体育研究（1927-1930）［D］．福州：福建师范大学，2012

③ 中南红色苏区群众体育资源开发与配置研究——以井冈山革命根据地为例［J］．广州体育学院学报，2011（2）：48-51.

就占人口的大多数，坚持着“日出而作、日落而息”的劳动规律，每天都有艰苦的劳动实践，很少参加体育锻炼，这是赤色体育推广过程中的难题。

赤色体育与传统体育、一般体育活动有着本质的区别，在体育活动形式上也有很明显的区别。首先，有先进的马克思主义思想作指导。有先进的思想作指导这是与其他体育活动最根本的区别。赤色体育有毛泽东、周恩来同志体育思想作指导，都吸收了马克思主义体育思想。马克思认为体育是人类生存必需的社会活动，也是每个人全面发展的需要。他也认为青年是人类的未来，也处于长身体、强体质的年龄段，更应该注重体育锻炼，增强身体素质。毛泽东同志体育思想也吸收了西方先进体育思想，引进吸收教过教育家洛克“德、智、体”的三育体育教育。毛泽东同志吸收借鉴他们的优秀思想成果，结合我国体育活动现状和复杂的革命战斗形势，创造性的形成了毛泽东体育思想，作为毛泽东思想的重要组成部分。① 其次，在体育配套设施上创新。由于长期受战争影响，中央苏区体育设施非常的简陋，但是人们不受客观条件的限制，因陋就简地创设了部分简易体育场地和体育锻炼器材，如建设了多处篮球场、足球场和棋牌室等场所，也有球网、单双杠、游泳池等体育器材，尤其是有大量的列宁室和体育俱乐部，为全民参与赤色体育提供了便利条件，来让大家锻炼身体、增强体质。再次，创新了体育组织方式。赤色体育强调全民参与，为了使农民、工人、学生和战士都能参加体育锻炼，就由政府来组织大规模的体育活动，并由给地方政府、村社团体自行组织各自的体育运动。为了加强对赤色体育的领导和管理，中华苏维埃共和国成立了“赤色体育运动委员会”，在各地大量设立了俱乐部和列宁室，来组织各项体育活动，并组织了“一苏大”体育比赛、五三运动会、儿童团和少先队大检阅等大规模运动会，并由各地政府组织了各种类型的体育活动。② 为了提高军队战斗力，红军队伍也组织各种体育竞赛，提高战士的身体素质。从上述实例可以得出，体育活动形式非常的丰富，坚持政府组织和群众自发举行的形式，组织方式灵活多样，非常注重实战要求，不拘泥于固定的形式。最后，创新体育教学方式。中央苏区非常注重体育教学，提出了“教育为战争服务”的原则，很多学校除了传授自然科学知识，也注重学生的身体锻炼，增强大家的身体素质。③ 积极组织了少先队和儿童团组织，经常举行各种体育锻炼，培养大家的勇敢和坚强毅力，尤其是少先队作为红军部队的后备部队，就多次组织军事操、野战操等各种类型的军事体育活动，做好参军入伍的军事锻炼准备。

---

① 胡达道．井冈山军事体育研究（1927-1930）［D］．福州：福建师范大学，2012.

② 王伟．抗日战争时期陕甘宁边区的青年教育研究［D］．重庆：西南大学，2013.

③ 刘洋波．论红色体育文化的历史意义与时代价值［J］．体育研究与教育，2014（3）：6-9.

四、中央苏区赤色体育特征形成的原因

社会基础决定上层建筑。中央苏区赤色体育是在当时特殊的历史条件下产生的，具有明显的时代特征。① 在国民党的军事围剿下，红色政权要面临严重的军事斗争任务，但是老一辈革命家却始终坚持正确的指导方针，大力发展赤色体育运动，来为军事斗争服务。从客观上来说，赤色体育为军事斗争也发挥着重要的作用。

（一）军事斗争环境的需要

1. 军事斗争形势

1927年，反动军队对共产党员和先进群众大肆捕杀，黑暗重新笼罩中国，苦难正在袭击着中国人民。1927年8月7日，中国共产党召开了武汉会议，在武汉会议精神的指导下，国家老一辈革命领导人先后组织发动了南昌起义、秋收起义，标志着共产党带领人们开始武装夺取全国革命的胜利。在武装起义遇到困难以后，毛泽东同志带领革命队伍转移前进方向，去占领敌人统治薄弱的农村地区，来到了井冈山地区开展游击战争，建立了红军队伍，正式建立了井冈山革命根据地，这正是标志着我国革命走上了农村包围城市、建立农村革命根据地的时期。随后，朱德同志带领南昌起义部分军队与毛泽东同志领导的红军汇合，改编成工农革命军第四军。1929年1月，毛泽东、朱德带领红军第四军开辟了赣南、闽西革命根据地，1931年11月在粉碎了敌人第三次反围剿之后，在江西瑞金成立了中华苏维埃共和国临时中央政府，中央革命根据地正式形成。

当时，蒋介石统治面临内忧外患，国统区政局混乱，官员腐败，物价飞涨，民不聊生；外面日本帝国主义对我国垂涎已久，早就制定了灭亡中国的战争计划，相继策划了“九一八”事变、“一二八”事变和华北事变，蒋介石置民族大义于不顾，制定了“攘外必先安内”的政策，从1930年到1934年，先后发动了五次反革命围剿运动。1930年11月到1931年1月，蒋介石调集10万兵力对中央苏区进行了第一次围剿，红军采用诱敌深入的战术，在五天内歼敌一个半师，顺利夺取反围剿的胜利。1931年4月，蒋介石又调集10万军队进行第二次围剿，红军坚持运动作战，在15天内急行军350公里，集中优势兵力，连续作战五次，歼灭敌人3万余人。1931年7月到9月，蒋介石亲自任总司令，调集军队30万人对中央苏区进行第三次围剿，在毛泽东同志领导下取得歼敌7个师的成绩，取得第三次反围剿的重大胜利。1933年2月到3月，中央苏区进行了第四次反围剿。蒋介石调集40万兵力进犯中央苏区，在朱德、周恩来的领导下取得歼敌3

① 宗有智．抗战时期陕甘宁边区的体育［J］．体育文化导刊，2009（4）．

个师的战绩。1933 年 9 月 25 日至 10 月，中央苏区进行了第五次反围剿战争，蒋介石调集 100 万军队进行大规模围剿。由于王明“左倾”机会主义错误思想占据中央的统治地位，用阵地战来对抗围剿，为打破国民党的围剿，中央红军被迫进行战略转移，开始了波澜壮阔的长征。

通过研究五次反围剿战斗历程，我们发现土地革命战争时期中央苏区革命斗争有以下特点：一是战争频繁，休养生息时间短。自 1930 年到 1934 年，短短的四年间就开展了五次反围剿战争，尤其是 1931 年、1934 年都分别进行了两次反围剿战争，只留给中央红军短暂的休息恢复时间。红军战士就很少有时间进行系统的军事训练，尤其是对刚入伍的战士来说，训练任务非常的繁重。为了提高战士的战斗素质和身体健康，红军就充分利用战争间隙进行体育锻炼。二是战争规模不断扩大。蒋介石反动派调集的反动部队从 10 万人、30 万人到 40 万人，第五次围剿竟出动 100 万人的军队，这对红军战士来说是巨大的考验。为了战胜敌人，红军队伍不但要有正确的军事思想作指导，还需要普通战士提高身体素质和战斗技能，这样才能保证取得革命战争的胜利。同时，为了战胜规模庞大的敌人，红军队伍多次进行了扩军招员，新入伍的战士需要掌握基本的战斗素养，但是受困于客观训练条件，只能进行基本的体能锻炼，赤色体育锻炼就是最好的训练形式。三是在红军第五次反围剿战争前都有正确的指导思想。自创建中央苏区以后至第四反围剿前都由毛泽东同志领导革命战争，第四次反围剿战争由周恩来、朱德同志负责，第五次反围剿战争就深受王明“左倾”思想影响。中央领导人的先进思想是一个完整的体系，囊括了社会各方面，体育思想是重要的组成部分，必须统筹协调好赤色体育与军事斗争的关系。所以说，严峻的军事斗争形势决定着开展好赤色体育活动是军事斗争的重要前提条件。

2. 需要身强体壮的战士

红军根据地都处于白色政权包围下，根据地的一切活动都要为革命战争所服务。赤色体育当然也要为革命战争服务。① 1930 年至 1934 年，蒋介石反动派先后发起了五次围剿，再加上日本帝国主义经常侵略我国华北地区和沿海地区，导致中央苏区革命战争没有停止过。中央根据地多次根据战争形势的变化来扩军招员，保持红军队伍的数量优势。红军兵员主要从农民、学生和个体工商户中选拔，对兵员的身体素质要求高，如果平常加强育锻炼，保证群众的身体健康，才能从源头上保证入伍战士的身体素质。革命战争的胜利由多种因素共同决定的，兵员的身体素质就是其中重要的一方面，毛泽东同志就非常强调战士身体素质的重要性，就多次在战争间隙组织战士开展爬山、扛枪、军事操等活动，并举行过五一体育运动大会，邀请红一军团、红五军团等多支红军队伍参赛，来提高战士

---

① 姜小峰，杜学工，陈望东．陕甘宁边区体育功能探析［J］．考试周刊，2008（27）．

的身体素质。少先队作为红军队伍的后备军，也非常重视队员们的身体素质，就采用军事体育训练的方式，也召开中华苏维埃共和国少先队军事大检阅活动，来提高大家参加体育锻炼的积极性，为红军队伍提供身强体壮的兵员。

（二）各级政府重视体育运动

1. 相继出台多项扶持政策

中央苏区对赤色体育非常重视，把体育事业当作社会领域的重要活动内容，作为革命斗争的必要辅助手段。[①] 红色政权是一个权利高度集中的政治体，只有各级政府出台相关的体育政策，才能保证体育政策方针得到彻底的贯彻。同时，中央苏区随时面临国民党反动派的战争威胁，革命斗争是最重要的事情，所有的事情都要为军事斗争服务，赤色体育也要为军事斗争服务，根据地各方面事务也非常繁忙，如果没有领导人的支持和中央政权的政策支持，赤色体育根本无法顺利开展。因此，中央苏区对赤色体育从各个方面进行了政策上的支持：

（1）对赤色体育与军事斗争的政策支持。作为中央苏区的实际领导人，毛泽东同志从政策安排上规划了赤色体育的前进方向和发展道路，提出了“体育为军事服务”总方针，就规定了赤色体育“从属于军事斗争”的地位，这也要求苏区体育机构和体育从业人员履行好双重身份，平时主要从事革命战争服务，在产生体育锻炼的具体需求后，才会临时充当体育锻炼的组织机构和组织人员，来完成体育锻炼的任务和目标。[②] 毛泽东同志为中央苏区赤色体育政策提出具体要求，就是“锻炼工农阶级铁的筋骨，战胜一切敌人”的体育方针，为体育政策提出了具体的任务、锻炼对象和锻炼目的，对赤色体育组织者提出了崇高的要求。

（2）对部队赤色体育的政策支持。红军队伍是革命战争的最主要斗争群体，承担着艰巨的任务和工作职责，其军事斗争和军事锻炼等活动非常繁重，很少有体育锻炼的机会。但是，为保持红军队伍的持久战斗力和战斗热情，必须大力发展赤色体育活动。老一辈革命家正确认识到赤色体育与军事锻炼的相互辩证关系，赤色体育对军事斗争有能动的反作用，重视赤色体育锻炼必能促进军事斗争，如果红军队伍没有体育锻炼只有紧张的军事锻炼，也会将红军队伍累垮，最终降低红军队伍的战斗力。[③] 同时，赤色体育是从属于军事斗争的，不能过多牵扯部队的训练时间，如果部队只关注赤色体育锻炼而放弃军事锻炼，就必然会影响部队的战斗力，因此，从政策上就必然要统筹好赤色体育与军事锻炼的关系，

---

① 马敬．抗战时期根据地与国统区体育发展状况比较研究［D］．北京：首都体育学院，2014.

② 贾致国．延安根据地时期女子体育开展状况研究［D］．西安：西安体育学院，2013.

③ 刘显，马晓利，熊晓正．红色体育文化思想的历史与发展［J］．北京体育大学学报，2012，35（2）：29-34.

合理安排好体育锻炼与军事锻炼的活动和时间，做到两者之间的互联互动、互相促进和共同进步。1929 年，毛泽东同志就在《中国共产党红军第四军第九次代表大会决议案》上，明确指出要加强部队的赤色体育锻炼，对部队的体育锻炼做出了政策上的安排，要求部队指战员定期组织各种体育活动，可以开展军事操、跳高和跳远等体育活动形式，既可以丰富部队的文艺娱乐活动，也可以增加部队战士的体能素质。红军部队是讲政治的部队，是受中国共产党领导的无产阶级队伍，是以为人类解放和为人民服务为宗旨的队伍。“红军队伍是讲思想、讲纪律和讲政治的部队”。[①] 毛泽东同志也将赤色体育与思想教育的关系作了统筹安排，强调在体育锻炼时要重视思想教育，用政治思想来指导体育锻炼。红军队伍将体育锻炼与思想政治教育紧密结合起来，从政策上做了具体的部署安排，在《中国共产党红军第四军第九次代表大会决议案》中，强调红军队伍要坚持“三操两讲”的教育方针。[②] 从上面研究可以得出，红军队伍赤色体育与军事锻炼、思想政治教育紧密结合起来，从政策上都做出了合理的部署安排，为红军队伍提高战斗力做好了前提条件。

（3）对群众体育的政策支持。中央苏区对群众体育从政策上做了相关部署，由于中央苏区主要在俱乐部和列宁室等场所举办体育活动，就出台了《俱乐部的组织和工作纲要》等政策文件，从中央层面全面安排了群众性的体育活动。中国共产党非常重视青少年工作，尤其是重视青少年的体育工作，从政策上相继出台了《团中央关于儿童运动决议案》和《湘赣苏区儿童团工作决议案》等文件，对青少年赤色体育活动的地位、性质和作用做了明确的定位，也提出了相应的工作准则，提出了多组织少年操、跳高和跑步等体育活动形式，指明了青少年体育活动的前进道路。[③] 土地革命战争时期，群众多分散在中央苏区偏僻的地方，呈现散居的分布状态。如果群众自行组织，很难顺利完成赤色体育锻炼活动，这就需要政府发挥好组织、协调和督促的作用，尤其是在政策上做好行动部署。

2. 加大资金投入力度

体育事业的发展离不开经费上的投入，需要有雄厚的经济基础做保障。但是，受困于薄弱的社会经济基础，中央苏区很难创造很好的体育硬件设施，来为体育锻炼创造好的条件。[③]在土地革命战争时期，中央苏区反围剿战争非常的频繁，需要将有限的社会资源投入军事斗争中去，还要建设相关的军事配套设施，如兵工厂、被服厂和医院等，这就留下有限的资源来建设社会事业，尤其是对赤色体育设施的建设与完善。尽管存在如此多的问题和困难，但是中华苏维埃共和国中央政权还是建设了不少体育基础设施，尤其是领导人的大力支持，才保证了

① 秦椿林，孟文娣．论中国群众体育的非均衡发展［J］．北京体育大学学报，2004（7）：865-868.

② 史进，刘晓莉，于学岭，等．红色体育研究［J］．体育文化导刊，2011（12）：138-140.

③ 梁栋．论民国时期体育军事化思想［D］．呼和浩特：内蒙古师范大学，2013.

体育锻炼的顺利开展。资金的投入坚持了以下原则：

（1）坚持赤色体育为军事斗争服务的原则。在残酷的军事斗争环境下，为了保证革命战争的胜利，必须让赤色体育为军事斗争让路的工作方针。在毛泽东同志、周恩来同志、朱德同志等的领导下，中央苏区为了人民战争的胜利，顺利推翻帝国主义、官僚资本主义和封建主义三座大山的压迫，提出了“号召节省每一个铜板，为着支援战争和革命事业”的口号，要求赤色体育事业也要服务于革命战争。中央苏区举办的各类体育活动，都严格按照简易、节俭和实用的原则，体育项目也紧密贴合生活实际，如中央苏区的体育活动获奖后，多给予精神奖励或口头表彰，即使发布奖品也是非常简单，多是单位自行制作的物品，是简单实用的物品，能激发广大人民群众的战斗热情，奖品实用便宜也能培养大家俭朴的意识。尽管，中央苏区也建设了一些体育器材，但也是简单的足球、担架和腰鼓等，这些都为了体现俭朴的原则，来节约社会资源避免不必要的浪费，这都体现了“一切为军事斗争服务”的原则。

（2）坚持因陋就简的原则。中央苏区的自然条件和社会经济基础比较差，中央苏区人口分布比较广泛，并且多分布在偏僻的地方，需要大量的经费投入投入，将加强体育基础设施建设。赤色体育一直革命事业的重要组成部分，中央苏区在把它放到社会事业，来提高最基本的体育基础设施。① 如 1933 年，按照毛泽东同志的提议，召开了全军团赤色体育运动大会，虽然当时党政军负责人都参加了这次运动盛会，运动员也是来自各方面军的优秀指战员及军事院校的学生，参会规格高、范围广和运动员数量多，但是也只是搭建了简单的检阅台、指挥台和人员救护室等非常简易的体育设施，比赛项目也是军事操、跳高、跳远、刺劈、扔手榴弹和爬山等，这些体育项目对比赛场地要求不高，只需要简易的比赛场所，不需要大规模的资源投入。总体来说，中央苏区没有建立很奢华浪费的体育场所，多是俱乐部、列宁室、国术馆和铁血团等体育锻炼场所，对体育器材和体育设施要求不高，这就既能顺利完成体育锻炼任务，又不会对社会资源造成大的浪费。

3. 完善赤色体育领导机构

为了管理好赤色体育活动，中央苏区成立了相应的体育活动组织领导机构，主要由张爱萍同志负责体育事业，来具体组织领导各项体育活动，并成立了赤色体育运动委员会，来组织群众体育、机关单位的体育活动。② 中央苏区还明确了各级政府设置的体育机构，建立了俱乐部、列宁室等活动场所。体育运动委员会成员平时从事革命工作或与国民党反动派进行残酷的军事斗争，在战事间隙进行体育活动服务，为赤色体育活动做了周到的后勤服务。体育机构和体育委员会委

---

① 周宇．沈阳市高职院校阳光体育开展的现状调查与对策研究［D］．大连：辽宁师范大学，2012.

② 《陕甘宁边区体育史》编审委员会．陕甘宁边区体育史［M］．西安：陕西人民出版社，1990.

员履行着一岗双责的职责，体育活动只是从事的“副业”，却顺利完成了体育活动组织工作。虽然，红军队伍的军事体育是赤色体育的重要组成部分，但是红军队伍却没有建立体育活动机构，只是根据战事安排和体育活动安排，由红军指战员组织了军事体育活动，很好地履行了组织职责。

为了指导好苏区的赤色体育工作，中央苏区体育机构也编写了相应的体育规则和体育教材，这为中央苏区体育工作顺利开展提供了便利条件。为规范各项体育活动，中央苏区出台了《各种赤色体育运动规则》和中央苏区《小学体育运动教学法》等各项规则，提出了赤色体育活动的组织原则、实施标准和组织机构等，将体育活动明确为苏区的日常工作，要从思想上高度重视，组织好赤色体育活动，为中央苏区的军事斗争做好服务。中央苏区高度重视青少年的体育活动，为了做好青少年体育活动的规范性、标准性和可操作性，先后出台了苏区《共产儿童读本》《少年游戏》和《少年体操》等体育教材，来为苏区学校的体育教学服务。中央苏区非常重视体育教材编写工作，从留下来的历史材料中，作者发现很多教材纸张是领导特批的，这是在紧缩军事资源的前提下，来保障根据地学校有自己的体育教材。

第二节　中央苏区赤色体育的当代价值研究

根据马克思主义唯物辩证法，世界是普遍联系和不断运动变化的，就体育运动而言，也有一般的客观规律。中央苏区赤色体育的先进指导思想和科学原则，具有重要的当代价值，对当前体育运动有现实指导意义。赤色体育是中央苏区非常重要的社会工作，也积极服务于苏区的革命斗争。毛泽东、周恩来等老一辈领导人对体育事业高度关注，给予大量的政策扶持和顶层设计，毛泽东同志提出了“锻炼工人阶级铁的筋骨，战胜一切敌人”的体育方针。在革命战争年代，革命根据地军民克服重重困难，在老一辈革命家的先进思想指导下，赤色体育活动取得了丰硕的成果，对于巩固革命根据地和取得反围剿战争胜利起到很大的帮助作用。当前，我国提出了“健康中国 2020”战略目标，到 2020 年国民健康水平达到中等发达国家水平，并将“健康强国”作为基本国策，实现人均寿命达到 77 岁。“健康中国 2020”的一项重要内容，就是提倡社会公众积极参加体育锻炼，增强人们的体魄。这种体育精神与中央苏区赤色体育精神有异曲同工之妙，是一脉相承的。因此，赤色体育是一笔宝贵的精神文明财富，有很大的现实意义。

一、中央苏区赤色体育的教育价值

（一）大力开展全面健身运动

赤色体育是社会主义体育的重要组成部分，并为当前体育活动提供了很好的经验教训，有很深远的教育价值。① 尽管，土地革命战争时期战事非常频繁，各项社会事务也非常的紧迫，但是，中央领导人很重视赤色体育活动，认为体育活动服务于军事战争，是革命斗争的重要内容，必须把体育活动摆在重要的位置。因此，我们要遵循老一辈领导人的体育思想，紧密结合社会现实实际，发展自身的体育思想和体育事业。为了管理好赤色体育活动，中央苏区成立了相应的体育活动组织领导机构，来具体组织领导各项体育活动，并成立了赤色体育运动委员会，来组织群众体育、机关单位的体育活动。在当时的艰苦岁月当中，根据地军民保持旺盛的革命斗志，与强大十几倍的国民党反动派和日本侵略者进行顽强的斗争，也积极发展赤色体育活动，组织了很多体育比赛和体育活动，也建立起完善的体育组织机构和体育人才培养机制，这对当今体育工作者是一个很大的激励。这种顽强奋斗、奋不顾身和默默奉献的体育精神，永远值得我们继承和发扬光大。

因此，在社会主义建设时期，要继承和发扬赤色体育精神，大力开展全民健身运动。全民健身旨在全面提高国民体质和健康水平，以青少年和儿童为重点，倡导全民做到每天参加一次以上的体育健身活动。国务院批准从 2009 年起，将每年 8 月 8 日设置为“全民健身日”。扩大全民健身节日的社会影响，吸引更多的人更广泛地参与体育健身活动，为进一步增强人民体质，适应中国社会主义现代化建设的需要，必须采取切实有效的措施，推行全民健身计划，发展群众体育。

（二）坚持节俭办体育的原则

体育活动是社会精神文化活动的重要内容，是建立在一定社会物质基础上的，是需要有雄厚的经济基础做保障。② 但是，体育的目的是锻炼体质，提高奋斗精神，如果只是强调体育设施和体育器材的先进，就必然陷入误区，忘记了体育锻炼的最终目的。在赤色体育活动中，老一辈革命家都留下了良好的体育活动经验，对于我国今后体育运动有很大的推动作用，值得现代体育界人士继承和发扬。毛泽东、周恩来等老一辈革命家都主张节俭办体育的方针，结合现实工作情况，来开展适宜的体育活动，不能超出当时国情。当前，我国社会经济取得长足的进步发展，为体育活动提供了丰富的物质基础，但是，也不能奢华浪费举办体育活动，造成社会资源的铺张浪费。节俭举办体育活动，让体育比赛赛出风格、赛出精神和赛出团队意识，是体育活动的最终目的，这也是我国政府高度重视体育活动的初衷。

---

① 王延奇，白雪，张智颖．陕甘宁边区体育发展状况及其特点述论［J］．西安体育学院学报，2007（5）．

② 《延安市妇女运动志》编纂委员会．延安市妇女运动志［M］．西安：陕西人民出版社，2001.

（三）重视院校体育活动

中国共产党高度重视青少年工作，体育锻炼就是其中的重要方面，院校体育是体育锻炼的有效形式。青少年是革命队伍的后备力量，也是国家和民族的未来，肩负着建设国家的重任，因此，必须要有健康的体魄和坚强的毅力。[①] 体育锻炼则是最好的训练方式，能够帮助青少年更快的成长。院校是中央苏区培养青少年的主要场所，是红军队伍的重要后备力量，也非常重视体育锻炼活动，组织开展了多次体育锻炼大检阅活动，毛泽东同志就亲自参加过开幕式并做重要讲话，极大激发了青少年参加体育锻炼的热情，也会积极投身于革命战争。为规范各项体育活动，中央苏区出台了《各种赤色体育运动规则》和中央苏区《小学体育运动教学法》等各项规则，提出了赤色体育活动的组织原则、实施标准和组织机构等，极大规范了赤色体育活动。为了做好青少年体育活动的规范性、标准性和可操作性，先后出台了苏区《共产儿童读本》《少年游戏》和《少年体操》等体育教材，推动青少年体育运动发展。当前，在发展社会主义体育活动，也要重视院校体育活动。

二、中央苏区赤色体育的政治价值

体育活动作为社会事业的一部分，是为政治服务的，是为中央苏区军事斗争中心工作服务的，体现着政治性，代表着红色政权的政治意图、政治理想和政治目标，具有很高的政治价值。在老一辈革命家的指导和关怀下，中央苏区的赤色体育不但有了专门的组织机构和机构人员，而且组织了紧贴实际、富有成效和形式多样的体育活动，在艰苦的战争环境下，提高了军民的体魄，锻炼了战斗的意志，对发展中央苏区各项事业有重要的推动作用，对土地革命时期战胜国民党反对派也起到很大的作用。因此，赤色体育活动有很重要政治价值，对当代体育发展有重要影响。

（一）进一步增强群众的共产主义信仰

共产党本身就有很高的政治理想，实现全人类的解放，消除人类社会的剥削与压迫。在革命战争时期，中国共产党党员就有坚定的共产主义信仰，并要推翻帝国主义、官僚资本主义和封建主义的三座大山的压迫，要消除中国的贫困和解放全中国。基于此，针对赤色体育就提出“锻炼工人阶级的钢筋铁骨，去战胜敌人”的原则方针，对赤色体育也提出了很高的政治任务和政治理想，这就决定着赤色体育具有了为军事斗争的服务的政治目标。中国共产党是坚信马克思主义的政党，对于党员和各项社会事务强调思想的先进性。红军队伍在开展赤色体育锻炼时，坚持开展“三会两操”活动，在体育锻炼的同时，不放松思想教育，保

---

① 秋实．延安时期中国共产党体育观探析［J］．体育文化导刊，2008（6）：119-121.

持红军战士的战斗信念。针对群众性体育运动，中央领导人提出相应的体育指导思想，要有“锻炼工人阶级的筋骨，战胜一切敌人”的理念，这就决定着群众体育活动也有很强的思想性，有很明确的发展目标和前进道路，来取得革命战争的最后胜利。同时，对赤色体育进行了明确定位，尤其是要提出发展军事体育，为赤色体育提出明确的前进方向和发展道路。因此，当前大力宣扬赤色体育精神，能激发起共产党员的理想，进一步增强共产党员的共产主义信仰。

（二）激发青少年参军报国的热情

在当时战争频繁的情况下，红军队伍需要身强体壮、战斗技能高和政治信仰坚定的战士，这个任务需要赤色体育运动来完成。赤色体育运动多贴近军事战争，不但有红军队伍的军事体育锻炼，就是普通群众体育活动也能进行军事操、爬山、跳高和跳远等活动，能切实提高群众的战斗素养。赤色体育肩负着政治任务，在青少年体育锻炼运动上体现的最为明显。对于院校学生，非常重视体育锻炼活动，也以贴近军事斗争的形式进行锻炼，来为红军队伍提供合格的兵员，夺取革命战争的胜利。毛泽东同志在战争环境下，将军事斗争与体育活动紧密结合起来，让体育活动为军事斗争服务，形成自身独特的军事体育思想。毛泽东等老一辈革命领导人都高度重视赤色体育活动，这对激发广大红军指战员体育锻炼的热情，保持持续作战的激情，具有深远的指导意义。目前，开展各类体育活动，能够增强青少年的体质和毅力，为人民解放军提供充足的合格兵员。

（三）激发群众的爱国情感

激情的革命岁月最能激发群众的爱国热情。近代以来，我国一直是半殖民地半封建社会，饱受帝国主义国家侵略，民族处在生死存亡的边缘，人民生活始终处在水深火热之中。赤色体育是无产阶级领导的体育活动，是为了推翻封建主义、官僚资本主义和帝国主义三座大山的压迫而组织的活动，并以斗争性最高的劳苦大众作为活动主体，具有军事斗争的天性。在土地革命战争时期，中央苏区陷于白色政权包围之下，国民党反动派先后组织了五次大规模围剿，红色政权时刻面临着战争威胁，激发出根据地军民的战斗热情。当前，我国正在全面建设小康社会，需要和平的国内外发展环境；但是，国内外敌对势力亡我之心不死，时刻想破坏我国的崛起步伐。在此关键时机，国家大力推广“健康强国”，能激发广大群众的爱国热情，投身于全面小康社会建设，早日实现中华民族崛起的伟大征程。

三、中央苏区赤色体育的文化价值

（一）弘扬传统体育文化

根据马克思主义哲学原理，社会意识对社会存在具有能动的指导作用，科学、先进的社会意识能促进社会发展。赤色体育具有重要文化价值，能促进我国体育运动发展。赤色体育指导思想继承了优秀的传统体育思想。[①] 毛泽东、周恩来同志都深受传统文化的影响，尤其是推崇“文武兼备”的体育思想，主张加强体育锻炼，吸收古代优秀的体育活动形式，来为赤色体育服务。赤色体育运动会组织了唱会歌、唱革命歌曲和跳花鼓等体育活动，这些都继承发扬了我国传统文化活动。会歌和革命歌曲都有一定的韵律，代表着文化的最高形式，是文化成果的结晶，有很大的文化研究价值。“中央苏区开设了很多国术馆”来培养战士的武术素养，也能提高大家的体育素质，这样就能将中华民族的优秀武术文化发扬光大，让更多的人喜欢武术。赤色体育是一个很有效的工具。老一辈革命家也充分认识到赤色体育的重要作用，积极吸收借鉴当地的文化形式，进行文化创作，如中央苏区按照当地的鼓类表演形式，创设了有当地特色的花腰鼓，成为当地喜闻乐见的表演方式，也体现了赤色体育的文化价值。

（二）丰富群众的精神文化生活

体育运动是社会文化的重要组成部分，尤其是赤色体育紧密结合社会实际情况，与当地文化联系密切，极大丰富了群众的精神文化生活。赤色体育不仅仅是一项体育活动，也是培养革命根据地军民战斗热情的重要手段。在当时的战争条件下，根据地军民并没有足够的文化活动或社会活动，每天都要面临严重的反围剿任务，怎么在长期的战斗过程中，保持军民的战斗热情？随着我国群众生活水平的不断提高，人们越来越重视精神文化消费，体育运动就是其中重要的精神文化生活之一。只有大力开展体育活动，丰富群众的精神文化生活，才能不断提高国民的素质，保证全面建设小康社会的总目标能够尽早实现。

第三节　中央苏区赤色体育的启示

一、发展群众体育

（一）普及群众的体育意识

体育运动不仅是运动员的活动，中央苏区为了普及群众的体育锻炼意识，就发动了赤色体育运动。在“健康中国 2020”发展战略中，就提倡群众体育，强调普及性、简易性和实用性，赤色体育运动很好地坚持了这个原则。我们要按照老一辈革命领导人的指示要求，高度重视群众体育运动，“把体育运动当作强身

① 郑健荣，陈晓强．苏区军事化体育运动的历史背景及其作用［J］．赣南师范学院学报，1997（2）：76-77.

健体、增强体质和增强团队意识的手段”。当时，中央苏区本着“体育为军事服务的方针”大力发展群众性的赤色体育，大力发展红军体育活动，军队积极组织各类体育活动，来带动群众性的体育活动。要想实现体育事业的长远健康发展，必须要普及体育知识，来扩大体育活动的群众基础。群众体育活动有时缺少引导，没有专业教师来指导，那么，提高群众体育的专业化水平，能整体提高全民的体育运动水平。宣传是体育知识普及的重要手段。当前，我国群众对体育工作还有一定的认识误区，认为劳作就是体育锻炼，或者认为体育锻炼是一项投入很高的活动，需要大量的资金和精力投入，这都是对体育的认识误区，这都需要加大体育宣传力度，来打消群众的体育锻炼顾虑，认识到体育锻炼的好处，都积极投身体育运动，实现强身健体、富国强兵和幸福安康的目的。

（二）坚持全民参与体育活动

自2009年，国家就提出全民健身运动，以青少年和儿童为重点，倡导全民做到每天参加一次以上的体育健身活动。全面健身运动努力实现体育与国民经济和社会事业的协调发展，全面提高中华民族的体质与健康水平，基本建成具有中国特色的全民健身体系。赤色体育参加人员的范围很广，有红军指战员、机关人员、学生和广大群众，尤其是学生赤色体育活动具有鲜明特色。在艰苦的战争条件下，中央苏区积极组织了多次大规模的体育活动，如“一苏大”体育比赛、篮球赛、五卅运动会等。“一苏大”体育比赛全称是中华苏维埃第一届工农兵游艺大会，是比较有代表性、影响性的赤色体育活动。赤色体育活动坚持了正确的发展方向，大力开展群众性的体育运动，不分阶级、不分地域、不分职务高低，像红军指战员、学生、机关干部、农民和工人阶级等，只要你喜欢体育锻炼运动，都可以参与进来，与大家共同成长进步。当前，体育运动坚持体育成绩第一的原则，忽视了群众体育的开展，这必然会影响体育的活动价值，不利于体育运动的普及。

（三）发展青少年体育活动

青少年是国家和民族的未来，必须要有健康的体魄和积极向上、顽强拼搏的精神状态。全民健身运动就以青少年为主要活动人群。开展青少年运动是实现上述目的的重要手段。一直以来，党和国家高度重视青年体育运动，毛泽东同志就组建过少先队，来引领青年人参加活动。国家在“十三五”规划当中，对体育活动做出了专门的安排，来大力发展体育事业和提倡体育锻炼，对于青年人体育活动也要做出相应的规划，从中央层面对青年人体育活动做出统筹安排，确定正确的发展方针和指导思想。各级政府严格贯彻落实“十三五”规划对体育事业的安排，将青年人体育活动作为体育事业发展的重中之重，提供各种有利的条件和便利，组织各类体育竞赛活动，引领青年人参加体育锻炼，让更多的年轻人来参加体育锻炼，培养大家的团结、竞争和合作观念，也提高大家的身体素质。

二、坚持科学的指导思想

（一）坚持因地制宜原则

根据马克思主义矛盾原理，要坚持“具体问题具体分析”，重点分析具体矛盾的特殊性，坚持实事求是的科学方法。中央苏区赤色体育能够快速有效的开展，是因为坚持了科学发展体育的方针。因此，总结赤色体育的发展经验，我们可以得出要想发展好当今体育运动，必须坚持科学办体育方针。随着我国社会经济的不断繁荣，体育基础设施和体育器材也不断地提高和改善，尤其是广大农村和偏僻地区也有了完善的体育设施，为群众参加体育活动提供了便利的条件。我国各地自然条件不同，体育设施也不尽相同，对体育运动项目要坚持因地制宜、实事求是的原则，不能搞“一刀切”，忽视各地的不同体育基础。如在我国东北地区很普遍的滑雪项目，最适合在北方地区冬季开展，假如在南方地区推广滑雪运动肯定不合适。

（二）遵循体育发展规律

以毛泽东同志为代表的老一辈领导人，科学地将马克思主义与我国实践相结合，形成了正确的体育思想，这是当前社会体育思想的重要理论基础，我们要积极吸取其中的经验教训，用先进的体育思想来指导体育事业发展。一直以来，党和国家的领导人都希望将我国建设成为体育强国，全民体育素质实现整体的大跃升。但是，实现这个目标不是一朝一夕的事情，需要长期的不懈努力，尤其是遵循体育发展规律。体育项目是很多教练和队员长期努力的结果，如足球、篮球和排球等球类团队项目，这都需要广大的体育爱好者作为后盾，需要多年的体育联赛和体育俱乐部才能实现的。当前，我国体育消费潜力巨大，将建成集“体育健身、体育商务、体育公园”于一体的体育综合体，体育与经济、政治和文化将产生更加积极全面的互动，既提升城市品牌形象，又满足群众多元化体育健身需求。

（三）大众体育与体育锦标主义相结合

体育锦标主义是一种重要的体育思想，短时期内能提高体育成绩。大众体育是大力发展群众体育，提高全民的身体素质。两种体育正义并不是相违背的，两者可以相结合，共同促进我国体育事业发展。当前，我国竞技体育运动取得长足的进步，在国际大型赛事上始终占据金牌榜第一梯队，与美国和俄罗斯一起成为国际上最重要的比赛强国。虽然，我国竞技体育取得如此大的成就，但是，我国是“举国体制发展竞技体育”，与美国、俄罗斯等体育培养机制不同。相对于发达国家来说，我国群众体育水平还比较低，还没有形成全民体育，这对我国国民身体素质发展不利，是迫切需要解决的问题。自改革开放以后，我国体育事业就取得飞跃式的发展，也逐渐发展成为体育产业，成为第三产业当中的重要部分，对促进我国经济发展、竞技体育发展和提高人民生活质量起到重要的推动作用。因此，“各级政府要大力发展体育产业”，紧紧抓住人民体育消费的热点，既发展好竞技体育，又要大力发展群众体育，形成完善的体育发展格局。

三、高度重视体育运动

（一）制定体育发展整体规划

赤色体育能够蓬勃发展起来，离不开红色政权和各位领导人的大力支持。“体育事业是一项社会基础事业，关系到每一个公民的身体健康和生活质量”，这是市场无法自我调节完成的，必须要发挥政府的宏观调控的作用。当前，我国非常重视体育事业发展，在国家的“健康中国2020”发展战略中，就对体育事业做出了部署安排。各级政府要按照“十三五”规划部署，落实相关的政策，做好体育事业发展的研究规划，解决遇到的困难和问题，并提出适合我国国情的发展对策。对于体育产业，各级政府要大力支持，相继出台相关的扶持政策，消除发展的政策桎梏和障碍，“对体育工作从税收、土地等方面给予优惠”，形成完整的体育产业链条。国家要大力举办各类体育赛事，吸引专业运动员和民间爱好者参与其中，带动相关的体育经济发展，为大家创造交流和学习的机会。各地要鼓励民间体育比赛，在城镇和乡村举办农民运动会、广场舞大赛和扭秧歌比赛等活动，鼓舞起群众参与体育活动的热情，积极发挥政府的主导作用，引导群众积极参加体育活动。

（二）建立完善体育培训体系

重视体育在学校教育和家庭教育工作中的地位，真正摆脱应试教育束缚，培养激发中小学生热爱体育运动激情，从强健体魄、锻炼意志、培养拼搏奋斗精神方面积极引导。各级各类学校要加强体育工作，安排体育教学、活动专项经费，推进学校体育场馆设施标准化，促进校园体育活动多样化和体育教学专项化，确保学生校内每天体育活动时间不少于1小时，每名学生掌握2项以上体育运动技能，培养体育健身和体育消费终生习惯。随着我国社会经济的快速发展，“很多企业也建立了体育运动设施”，组织企业职工发展各种形式的体育锻炼活动，这也客观上提高了国民的身体素质。国家应该从上层就做好统筹规划工作，将各类培训学校力量整合起来，建立一套完善的从中央到地方的体育培训体系，吸收社会力量参与进来，不能只靠政府的力量，吸引有兴趣的体育爱好者入股体育学校，建立完善的学校运转机制，吸收社会资金来保障学校的正常运转。通过一套畅通的体育培训机制，来为我国竞技体育输送更多的体育人才，同时，也能引领社会大众来参与体育锻炼。

四、加大体育资金投入

根据马克思主义质量互变规律，要坚持连续的、不断的量变，才能达到一定程度的质变。要想实现“健康中国 2020”发展战略，就要秉持赤色体育精神，不断增加体育资金投入，来改变体育运动基础条件。很多体育项目对场地和设备要求高，需要大量的资金投入。很多体育运动需要特定的场所和运动器材，需要大量投入资金来改善体育设施，来为群众体育运动提供好的基础设施。发展体育运动，增强人民体质，是我国体育事业发展的基本方针。党中央、国务院高度重视全民健身工作，把全民健身上升为国家战略，全民健身成为人民增强体魄、健康生活的基础和保障。党的十八届五中全会提出推进健康中国建设，体育事业是健康中国的重要组成部分，发挥着不可替代的重要作用。国家体育运动的最终目标是要重点引导建设全民健身活动中心，推动健身场地设施建设，丰富全民健身活动供给，落实全民健身国家战略，推动群众体育再上新台阶。总之，国家为新时期体育事业的发展指明了方向，全民健身事业发展迎来了前所未有的机遇。目前，我国部分公共体育健身场所不能满足广大居民的健身需求，严重制约了体育运动的进一步发展。为满足我国广大人民群众体育健身需求和愿望，非常有必要在人口相对集中的城区规划建设全民健身活动中心。有些体育项目需要大量的比赛场地，而且场地多分布在城市周边，周围土地价格非常的昂贵，如果没有相应的扶持政策，投资方就难实现盈利。为了带动当地居民的体育热情和发展体育产业，也要在税收上给予优惠，对体育企业进行所得税减免，也降低体育场所水电的使用价格，帮助体育企业快速发展。随着人们生活水平的提高，很多群众喜欢在社区内进行锻炼，如跑步、散步或跳广场舞等简单的体育活动，在新建设住宅小区的时候，就要留出体育设施的场地，作为小区规划建设的一项重要指标。农村地区基础条件较差，在体育设施上也很缺乏，这就限制了人们进行体育锻炼。由于村委会也缺少体育经费，农民也不愿意出钱购买体育设施，这就需要政府加大对农村的资金投入，为农村免费送去体育设施和体育锻炼器材，为村民创造可以锻炼的活动场所。

五、发展体育社会组织

（一）充分发挥体育协会的作用

当前，我国体育协会、俱乐部等体育社会组织的数量不断增加，规模不断壮大，在发展群众体育方面发挥的作用也越来越重要。体育协会是爱好体育群众自愿组成，自我管理，按照章程来组织各类体育活动的社会性组织。体育协会在帮助会员增长技能和组织各类活动方面，起到非常重要的作用。充分发挥体育总会的龙头功能，不断加大对体育协会、俱乐部的监管力度，进一步增加体育协会、俱乐部的数量，丰富、完善体育协会、俱乐部的功能，指导帮助体育协会、俱乐部组织一些单项的群众体育活动。

（二）大力发展体育俱乐部

在土地革命战争时期，中央苏区就很重视俱乐部和列宁室的建设，为人们的体育锻炼提供锻炼场所和体育器材。1933 年，毛泽东同志就指示中央教育部编印《俱乐部的组织和工作纲要》，明确强调群众性俱乐部在体育活动中的重要作用，利用俱乐部来带动群众开展体育活动，注重发挥俱乐部专业的优势，推广普通操、器械操、劈刺、竞争游戏等体育游戏。目前，体育俱乐部多是采取体育培训连锁的模式，如跆拳道武馆、太极拳武馆和健身房等俱乐部形式，国家应该从法律层面对其进行明确的发现定位和制定组织规则，来保证体育俱乐部沿着正确的道路发展。进一步增加体育协会、俱乐部等社会组织的数量，并帮助各体育社会组织扩大规模和影响，使其在推动群众体育发展工作中发挥桥梁和纽带的作用，带动更多群众参与群众体育活动。

第六章　现代体育审美教育视角下大学生核心价值观培育

在第二十三次全国高等学校党的建设工作会议上，习近平同志指出，办好中国特色社会主义大学，要坚持立德树人，把培育和践行社会主义核心价值观融入教书育人全过程，强化思想引领，牢牢把握高校意识形态工作领导权。高校关于社会主义核心价值观的融入要求和意识形态工作领导权的把握，为体育审美教育视角下大学生核心价值观培育研究提供了政治背景。而体育审美教育作为体育文化最高层次的思想精髓，对于大学生核心价值观培育具有重要的指导作用，尤其表现在精神文化和思想理念等方面。大学生核心价值观的培育对于我国意识形态安全同样具有重要的作用，其相关研究也日益丰富。

高校体育审美教育是社会主义高等教育的重要组成部分，也是高校培育德智体美全面发展的社会主义合格建设者和可靠接班人的重要方式。加强高校体育审美教育中大学生核心价值观培育，既是高校教育顺利实施的内在需要，也是社会主义核心价值观在高校中传播的客观要求。

第一节　体育审美教育与大学生核心价值观培育的概念界定及关系阐析

中国体育审美教育有着悠久的历史，经过漫长的演进，形成了具有中国文化特色的体育审美传统，这一传统的形成是与中国文化和传统教育思想的演化分不开的。大学生核心价值观培育的概念和内容随着我国经济社会的发展而产生。研究体育审美教育与大学生核心价值观培育的概念对与探讨二者的其他问题都是大有益处的。而这二者的概念在学术界一直有着不同的理解和争论，对它们概念进行界定并厘清其相互关系是研究和探讨二者的前提。

一、教育及大学生核心价值观的内涵

（一）体育审美教育的含义

随着教育改革在我国的不断深入，人们对审美教育的重视程度越来越高。同时，审美教育不但发展成为了当前教育中重要的构成要素，并可将之作为整个教

育改革和基础教育的突破口①。而在阐析体育审美教育的内涵之前，必须明确审美教育的含义。

“审美教育”一词，源于德语 Aesthetische Erziehung，简称为“美育”。从字面上看，其外在地包含了美学和教育学两个学科，但是在实践层面上，其又属于交叉学科，与伦理学、社会学、文化学、心理学等联系紧密。溯其根源，西方国家最早在古希腊时期，对城邦守卫者的教育就包含了美育的内容，而我国于春秋战国时期就开始重视了“诗”“乐”的教育。但是，“美育”这一词的概念的提出及对其进行独立研究的时间最早见于18世纪末，由德国著名美学家席勒在其著作《审美教育书简》中首次明确地提出了“美育”的概念。随着社会文化的发展，美育的定义也越来越多，在学界也未有统一的说法。美育可以分为狭义的美育和广义的美育。狭义的美育，是专门指代“艺术教育”，认为美育只是指“审美教育”“美感教育”等；广义上的美育，则指将美学原则渗透到其他学科之后所产生的教育。总的说来，美育是指人们通过培养认识美、感受美、体验美、欣赏美及创造美的能力，而使其拥有美的品格、美的情操、美的素养和美的梦想等。

作为一个独立领域的体育审美教育，其功能和意义区别于德、智、劳等教育活动②。体育审美教育的独特性主要表现在教育效果以及教育手段上。它既不像美术教育那般，以事物的线条、形状、造型、色彩使学生观察事物的美以及辨别不同色彩变化的美的能力得到提升；也不如音乐教育那样，以旋律、节奏塑造音乐形象，提高学生体验美、欣赏美的能力。根据审美教育的含义，可以得知，体育审美教育就是通过体育教学中所蕴含的审美元素，提升人们的体育审美能力，促进人的身心协调发展。③ 在体育活动中，感受和创造各种各样的形式美至关重要，并在此过程中形成正确的审美动机。而身心的协调发展必须是身体的协调运动与心理的协调运动相统一，从而促使美育融入到体育之中。要做到这一点，一方面，审美活动和体育活动对于学生的生理和心理发展的作用积极而有效，能够保证学生的生理健康和心理健康；另一方面，我们需要充分挖掘潜藏于体育中的美的因素，调动学生积极性，引导其发现、感受并创造体育美，在体验体育美中得到全面发展。

（二）社会主义核心价值观释义

理解大学生社会主义核心价值观培育的前提是明确价值观及核心价值观的内涵。对于“价值观”的定义，各学科所研究的侧重点各有不同。比如，哲学所

---

① 滕守尧．审美心理描述［M］．北京：社会科学出版社，1985：349.

② 樊莘森．美与审美［M］．福州：福建人民出版社，1982：237.

③ 刘清黎．体育教育学［M］．北京：高等教育出版社，1994：170.

关切的是价值观反映出的主客体间的关系；教育学所关切的是影响价值观形成的个体社会化过程及其教育干预；人类学所关切的是价值表现的文化特征；伦理学所关切的是价值观对人的行为的约束性；社会学所关切的是社会变迁及社会建构的过程对价值观的影响；社会心理学所关切的是价值观的心理结构、心理过程、心理功能和心理测量①。在总结学者们经验的基础之上，我们可以将价值观定义为人们对客观世界中主客体相互关系的一种观念或看法。而关于“核心价值观”的定义在学术界中也尚未达成共识。社会中的价值观纷繁复杂，主要可以概括为两种，即一般价值观和核心价值观。显然，核心价值观在诸多价值观中处于中心的位置，起着决定性作用，对其他价值观的形成和发展产生重大影响，在整个的价值系统中占主导地位。由此可见，核心价值观属于价值观源于价值观，但又区别于一般的价值观，对其他非核心价值观起到约束和统帅的作用。

作为一种制度形态的社会主义，其本质也是一种价值观念体系。从狭义的层面上讲，社会主义价值观的范围随着时间的推移而不断发展，其表现形式和内涵在不同的历史时期和不同的国家各不相同；从广义层面上来说，社会主义核心价值观即对社会主义这一社会制度的基本观点和整体看法。其实，从上述对于核心价值观的定义可以得知，社会主义核心价值观就是在社会主义制度下的价值观念中具有主导地位、起核心作用，更加深刻地指出了社会主义的本质和特性，并且在马克思主义的科学理论体系中占据着核心位置的价值理念②。社会主义核心价值观的概念相对稳定，始终贯穿于社会主义的发展过程。关于社会主义核心价值观的内容，国内外学者也对其进行了一些思考和研究，如后现代主义者认为社会主义就是要给实现人的全面自由发展而提供基础和条件，民主社会主义者认为“互助、公平、合作”为社会主义的本质属性。而在我国，党的十八大报告中明确提出三个“倡导”的价值理念，即倡导富强、民主、文明、和谐，倡导自由、平等、公正、法治，倡导爱国、敬业、诚信、友善，并积极培育和弘扬社会主义核心价值观。

（三）大学生核心价值观培育的内涵

关于“大学生核心价值观培育”的内涵，学者们的观点各不相同，大体上都是基于自身的研究需要而作的定义。有研究者从教育内容层面总结了其内涵，认为大学生社会主义核心价值观培育是以爱国主义教育为重点开展的民族精神教育、以理想信念教育为核心进行的“三观”教育以及以基本道德准则为基础实施的公民教育③。还有学者从教育途径的层面提出，大学生社会主义核心价值观

① 杨宜音．社会心理领域的价值观研究述要［M］．中国社会科学，1998（2）．

② 方爱东．社会主义核心价值观的发展历程及其当代建构［D］．合肥．安徽大学，2010.

③ 张燕妮．大学生社会主义核心价值观教育研究［D］．太原：山西大学，2012.

培育就是依据大学生自身发展的特点，综合运用多种路径和方式将马克思主义理论传输给学生，以社会主义核心价值观帮助学生树立正确的世界观、人生观和价值观①。也有学者从教育目标层面指出，大学生社会主义核心价值观培育即通过对学生的系统教育，使其坚持马克思主义理论的指导，坚定中国特色社会主义的共同理想，进而形成以爱国主义为核心的民族精神和以改革创新为核心的时代精神②。国内学者对其内涵的研究大致也是分为这三种类型，即从内容、途径、目标的层面下定义。因此，笔者认为，大学生核心价值观培育就是以高校为依托，结合运用家庭、社会、网络等多种手段，以社会主义核心价值观内容教育大学生牢固树立正确的“三观”，并在具体实践中养成良好的行为习惯的教育过程。

二、体育审美教育与大学生核心价值观培育的内在联系

（一）两者都是追求真、善、美的教育活动

体育审美教育和大学生核心价值观的培育，两者都是追求真、善、美的教育活动。虽然二者属于高校学科中的不同分支，但它们在内容上具有交互性，在教学特点上二者相得益彰，在教育目标上也具有一致性等，这些内在的联系使得体育审美教育和大学生核心价值观培育在高校中都是不可忽略的两种教育形式。在学校中，体育审美教育和大学生核心价值观的培育，两者的目标统一于培养人的活动中，是整个教育过程中的重要组成部分，相互渗透、相互联系。体育审美教育与大学生核心价值观教育是一种目的与手段的关系，在一定意义上，大学生核心价值观培育是体育审美教育的目的之一，同时，体育审美教育又是进行大学生核心价值观培育的手段之一。中国共产党的根本性目标决定着大学生核心价值观培育的目标，高校中进行核心价值观培育的目的就在于提升大学生的认识水平和实践能力，使大学生能够用全面和辩证的观点看待问题，了解社会历史的发展规律，从而提高大学生抵御错误思潮侵蚀的免疫力，树立正确的价值理念。而体育审美教育的目的是在一定体育美学理论的基础之上，通过对形体美、运动美、艺术美等体育审美活动的教育实践，培养大学生的审美感受力和创造力，为其步入社会后提升对社会中的美与丑、真与假、善与恶等现象的辨别能力夯实基础，同时塑造学生积极健康的心理和乐观的心态，促进大学生成长成才。在马克思看来，人类是按照美的规律改造世界的③。意思就是说，人们在改造客观世界的过程中，是其个人意志、道德和审美感受的体现，也是对事物的发展规律认识的和

① 赵有田，李丹．在大学生中加强社会主义核心价值观教育［N］．光明日报，2010-1-17.

② 李月娥，安建，等．试谈大学生社会主义核心价值观教育的系统化与生活化［J］．中国成人教育，2010（1）．

③ 马克思恩格斯全集（第42卷）［M］．北京：人民教育出版社，1958：97.

谐统一，即真、善、美的统一。

（二）二者在教育效果上相得益彰、互通有无

大学生核心价值观培育的主要渠道是思想政治理论课，但传统的思想政治理论课面对新形势下的大学生，已经越来越不能满足其成才的要求，而体育审美教育能够濡染学生的心灵，净化学生的思想，提升学生审美素养，对于大学生核心价值观教育能够起到醍醐灌顶、心情舒畅的作用，从而接受思想政治教育。因此，可使体育审美教育与大学生核心价值观培育相结合，二者相互补充、互相借鉴，以期达到最好效果。一是在培育大学生核心价值观的过程中以体育审美活动的形象化为重点。俄国著名哲学家车尔尼雪夫斯基曾说过："形象在美的领域中占据着统治地位。"① 这足以见得审美活动的具象化对人们的刺激更大。审美活动的形象化要求审美对象是富有美感、生动直观的形象，如果没有了形象化，体育审美活动也将无从说起。因此，在实践过程中，我们需要充分利用各种途径，制造形象化的事物，如通过制作社会主义核心价值观的公益广告、建造相关的主题公园、寻找先进的人物事迹等，全面诠释社会主义核心价值观。二是在培育大学生核心价值观的过程中以体育审美活动愉悦人们心情为出发点和立足点。在体育活动中，人们可以通过联想与想象感受美和鉴赏美，在潜移默化中领略美的奥义并达到教育的目的。在大学生社会主义核心价值观培育的过程中，充分发挥体育审美教育的愉悦性特点，寓教于乐，使社会主义核心价值观真正为人们所接受和践行。三是在培育大学生核心价值观的过程中，转变教育方式，以体育审美活动的感性教育为主要手段和方法。传统的思想政治教育一味强调硬性灌输，而忽视了以情感人、以情动人的感性教育。在与学生探讨和交流的过程中，投入真挚的感情为同学们授课，一定能达到意想不到的教育效果。

（三）二者的内容融会贯通、协调统一

体育审美教育更加注重感性教育，而大学生社会主义核心价值观的培育则更侧重于理性教育。尽管二者的侧重点各不相同，但是它们的内容却能够相互融合。在体育审美教学中，核心价值观教育与增强体质、提高审美都是相互作用、内在统一的。大学生核心价值观教育为体育审美教育的完成提供了思想保证；反过来，体育教学与审美提升的过程，也是对学生进行社会主义核心价值观教育的过程。苏联教育学家苏霍姆林斯基曾指出，美是一种心灵的体操，美能纯洁我们的心地，正直我们的精神，端正我们的情感和态度。② 体育审美教育正是以这种

① 车尔尼雪夫斯基．生活与美学［C］//钱勤来，姚承宪．美学新论．天津：天津人民出版社，1993.

② 苏霍姆林斯基．给教师的建议（上）［M］．北京：教育科学出版社，1980：108.

心灵体操以及身体锻炼，使人们在不知不觉中摒弃了丑、恶、假的事物，填充满空虚的内心，重新树立起崇高的理想和信念。党的十八大报告从三个层面上对社会主义核心价值观有了一个凝练、简洁的表现形态，其中，“和谐”“文明”“友善”“诚信”“平等”“公正”等关键词都充分体现了体育审美教育的内容。著名美学家席勒曾提出，人只有在审美状态下才能由单纯的感性形态步入到综合的理性形态，并通过审美教育达到改造社会的目的。这充分体现出体育审美教育具有培养大学生正确的世界观、人生观、价值观的独特功效，这与大学生社会主义核心价值观教育的基质是相统一的。由此可见，二者对于人的道德伦理、思想意识方面发挥着重要的效用，其教育内容相互补充、互相融合，二者统一于高校教育的根本性任务之中。同时，社会主义核心价值观作为社会主义最根本、最重要、最核心的价值理念，引领和保证了体育审美教育的正确方向，为体育审美教育提供了持续发展的动力。

第二节　大学生核心价值观培育的现状及成因的体育审美分析

大学生核心价值观的培育是一个长期、系统及全面的工程。凭借着实事求是、推陈出新的培育要求，依据各时期大学生所呈现出来的思想特点，对大学生进行核心价值观的培育。党的十六届六中全会中首次提出了“社会主义核心价值体系”的科学命题，从而在全国各高校中刮起了建设核心价值体系的热潮。在党的十八大中又创设性地提出了“社会主义核心价值观”的重要理念。通过国家、社会、高校等层面的通力合作，使其在理论和实践中取得了一定的成效。但同时，我们也应当清醒地认识到大学生核心价值观的培育任重道远。

一、大学生核心价值观培育的成效及问题

（一）大学生核心价值观培育的成效

自社会主义核心价值观提出以来，已取得不错成绩。如在理论科研及教学、培育力度、培育途径和实践巩固等方面，收获颇丰，渐趋形成了全体大学生践行和培育社会主义核心价值观的良好氛围，这些成绩是值得肯定的。

第一，大学生核心价值观培育的理论科研及教学成果丰硕。2012 年 11 月，党的十八大中正式明确地提出了社会主义核心价值观。经过近四年的发展，在专家、学者们的共同努力之下，科研成果显著，不仅出版了一批书籍，而且学术论文的数量和质量也再逐步提升。其中，截至 2016 年 9 月，在“中国知网”中以“社会主义核心价值观”为关键词，共搜索到文献 29913 篇，硕博论文的数量有 1811 篇；而以“大学生社会主义核心价值观”为关键词，搜索到的文献有 2664

篇。从数量上看，其发展速度极为迅猛，而且发展势头没有明显减弱的迹象，并且文章的质量也在逐步地提升。同时，在理论方面，我们也应该意识到，在中国的建设和改革过程中，依次形成了毛泽东思想、邓小平理论、“三个代表”重要思想、科学发展观及习近平新时代中国特色社会主义思想，这些理论成果形成于中国社会的伟大实践，是中国各个历史时期的思想基础和理论源泉，也是每个时代所倡导和培育的重要内容。在理论教学方面，关于社会主义核心价值观的理论教育被提升到了一定高度，以发挥其指导实践的作用。在高校中，能够很明显地感觉到核心价值观的地位和作用已经得到了充分肯定，这也是落实和贯彻党的思想路线的重要体现。并且，在新的思想政治理论课的教材中，社会主义核心价值观也已写入其中，将其作为大学生思想政治教育的重要部分进行教育教学。与此同时，也注重实践与理论相结合，一定程度上体现了时代发展与系统整合的特征，实现了大学生对社会主义核心价值观内容的理解和在实际生活中的践行，取得了较好的成效。

第二，大学生核心价值观培育的途径不断地创新发展。俄国的十月革命给中国“送”来了马克思主义，但是由于当时民众的文化水平普遍较低，且马克思主义理论的内容又晦涩难懂，因而在当时的传播过程中更加注重和偏向于“平民化”，各地通过组织开办讲堂、各种文艺评比活动以及文艺节目演出等人民群众喜爱和乐于接受的宣传方式，使核心价值观更通俗易懂、深得人心。同时，还树立榜样典型，给人民以示范，以榜样来传播核心价值观。在科学技术飞速发展的今天，人们的思想得到了解放，国家对科学人才的需求日益高涨，使得高校教育的目标和任务也更加艰巨。在高校中，大学生核心价值观的培育始终都摆在首要位置，并且随着时间的推移，培育方式也日渐多元化。首先，高校大学生核心价值观教育的主要渠道和主要阵地便是思想政治理论课，其对大学生核心价值观的培育作用巨大，因此，在高校中受到普遍重视。调查数据显示，高校大学生中有92.9%的学生是通过思想政治理论课学习和了解社会主义核心价值观，并有72.4%的学生认为对于思想政治理论课对培育社会主义核心价值观的影响选择“很大”或“较大”，19.1%的人选择“一般”。① 可见，思想政治理论课作为主渠道对学生价值观的影响颇深。其次，大多数高校都极为重视将核心价值观的内容融合于校园文化建设中，通过各种类型的校园文化活动对培育社会主义核心价值观起到“船过水无痕”的作用。同时，注重传统文化对于大学生社会主义核心价值观培育的重要意义，将中华优秀传统文化与核心价值观相结合，如利用传统节日和其他重要的纪念日开展各类与传统文化相关的主题活动，以此为载体推动大学生核心价值观教育。再次，大部分高校已逐渐注重利用网络新媒体来进行

① 梅睿．大学生社会主义核心价值观培育路径研究［D］．重庆：西南大学，2015.

社会主义核心价值观培育，并通过建立和完善高校校园网站，同时结合微博、QQ、微信、等社交媒介，促使学校和大学生的生活和学习之间能够形成某种联系，而不是两个孤立存在的个体。这样一来，既能提升大学生的网络舆论辨别能力，又能够实现网络载体与社会主义核心价值观的有机融合。

第三，大学生核心价值观的培育力度不断地加大和深化。核心价值观在每个朝代、每一时期都存在，但是却未必相同。近几年，国家把社会主义核心价值观的重视程度提到了前所未有的高度，在政策上，不仅于2013年12月颁发了《关于培育和践行社会主义核心价值观的意见》，还在大大小小的各类会议、谈话中强调其重要性，并号召社会各个部门和领域都需对社会主义核心价值观的培育做出应有的贡献。正如习近平所说："要利用各种时机和场合，形成有利于培育和弘扬社会主义核心价值观的生活情境和社会氛围，使核心价值观的影响像空气一样无所不在、无时不有。"① 因而，我们可以看到越来越多的新闻媒体对于社会上的正面事例报道和宣传的力度也越来越大，教育工作者也能做到身体力行，专家学者对这一领域和理论也进行了深入研究，这些都为大学生核心价值观培育铺就了一个良好的氛围。大学生核心价值观的培育过程中集中体现了对大学生的具体做法，这一环节极为关键，也最为困难。首先，在课堂上的理论教育方面，培育力度也呈现加强的趋势，促使大学生在思想上有了一定的变化，其道德品质也有了一定提升，同时也对大学生对社会主义核心价值观的认同产生了影响，也可以将部分的成效归功于培育力度的加深。问卷调查显示，有45.9%的大学生对社会主义核心价值观有所了解，38.3%的大学生则选择"比较清楚"，其中也包括了大学生对于马克思主义和中国特色社会主义理论的认同和支持，也有部分的学生在学习和践行马克思主义的世界观、人生观、价值观、实现个人价值和社会价值等方面做出了积极的改变。② 其次，在校园环境建设方面，也能够感受到社会主义核心价值观无所不在，学校的宣传栏、文化墙、板报等校园文化建设的区域都有核心价值观的身影。在校园文化的熏陶之下，无形中加深了大学生对社会主义核心价值观的认识程度，使理论的说辞渗透进学生的脑海，一定程度上推进了社会主义核心价值观的深化与发展。

第四，大学生核心价值观培育在实践中得到巩固。当前，大部分高校都很注重在实践活动中培育和践行社会主义核心价值观，将课堂学习到的理论知识应用于实践。之所以要在实践中巩固核心价值观，是因为在理论教学结束之后，学生并不能立即熟练地掌握核心价值观的内容和含义，恰好相反，这个过程是复杂且需要反复温习的。同时，学生在实践中践行核心价值观时，会遇到各式各样的问题和困难，困惑其心理，遭受心理上的斗争，而这些问题在一定程度上会影响大

① 习近平．习近平谈治国理政［M］．北京：外文出版社，2014：165.

② 吴欢．增强大学生社会主义核心价值观培育实效性研究［D］．重庆：西南大学，2014.

学生核心价值观的“内化于心”，因此，实践中的巩固必不可少，高校各部门及学生们也是这样去做的。有研究表明，在以直接和间接两种不同模型来解答学校教育、父母教育方式及自我的和谐对大学生价值观念有无冲突的过程中，通过比较此两种模型的拟合指数和差值之后，发现自我和谐中有两种因素可以解释价值观冲突的43%的变异量。[①] 这也足以证明实践活动对于大学生核心价值观的培育和养成是极为有效的。目前，许多高校都在着力组织开展社会实践活动，通过这种途径进行大学生核心价值观教育。同时，根据调查，大多数学生都能欣然接受这种教育方式，并且能够深层次地影响学生的思想观念。类似的社会实践活动有参观当地的历史博物馆和纪念馆、志愿者服务活动、社区义务劳动、红色文化调研、学生勤工俭学等，而且有相应的指导老师参与指导学生的实践活动，既开阔了学生的视界，又培养了乐于奉献、独立自主、勤劳务实的人格品质，使学生在此过程中收获颇丰。学生的社会实践也证明了其在实践活动中能够了解和习得社会的通行规则及公共道德准则，能够深刻体会社会主义核心价值观的内涵和实质。当这些学生遇到价值观的抉择时，也是其学习核心价值观的好的时机。这一学习的过程可以帮助其深入剖析所遭遇的困惑的抉择方向，拷问自身，寻找心灵的支撑和平衡，很大程度上帮助学生适应了社会，同时也能使核心价值观渗透到学生的内心打下坚实基础。在实践中温习和巩固核心价值观的内容，是当前切实可行的教学方式和途径，也是大学生核心价值观培育所进行的有益探索。

（二）大学生核心价值观培育的问题

近几年，核心价值观在培育和践行的过程中有了许多宝贵的经验，同时也进行了很多有益的尝试，并仍在不断努力弘扬和创新。但是，我们也同样应该意识到，在此过程中所出现的一些与核心价值观教育背道而驰的现象和状况。

首先，大学生核心价值观教育的理论缺乏系统性。目前，高校中的大学生核心价值观的培育主要集中在思想政治理论课程上，这种相对单一、固定的教学模式对大学生核心价值观的形成和认同产生很大的影响。尽管自恢复高考以来，我国高等教育已进行了深入改革，并取得了显著的成效，在课程设置及教学规模等方面都有了很大的提升。但是，正如有学者指出的，我们国家的教育资源并不缺乏，但是和建国初期相比，我们所培养出来的优秀人才却变少了，而且学生的道德水平也不如以前，我们应当反思现如今的高等教育，是什么原因导致我们所培养出来的大师越来越少、道德素质高的学生也越来越少。其实，这主要是因为高校的培育机制出了问题，应试教育过于看重学生成绩，而忽视了学生的心理素质和道德品行的锤炼。因而，完善大学生核心价值观理论教育，重视思想政治教育

---

① 李惠. 大学生价值观冲突及其影响因素研究［D］. 广州：广州大学，2012.

工作和思想政治教育工作者，对于核心价值观的培育极为关键。

核心价值观的培育体系完善与否直接关系到大学生核心价值观培育能否成功。可是从当前我国社会、家庭及对学生个人等方面来看，并未形成完备的社会主义核心价值观培育的体系，这一方面是对资源的浪费，另一方面也未起到应有的效果。众所周知，核心价值观培育并不是单一个体能解决的问题，需要全社会的整体合力，及其连续完整的灌输。对于社会和个人而言，其必须对自身要求严格，以积极健康的思想状态迎接新的挑战，并能够达到社会主义核心价值观的要求。当今社会各个部分、团体、阶层并未形成统一的理论体系，对于社会主义核心价值观的贯彻执行还不到位，而且各方面的培育措施还不够完善，导致教育体系也受到牵连，进展缓慢。大学生核心价值观的培育需要全社会为其创造良好的环境，并提供学习的基础，通过学院中的各类活动及各部分之间的协作，形成完整的培育体系。①

其次，大学生核心价值观培育的主体素质急需提高。大学生作为核心价值观教育的主体部分，既是高校核心价值观培育的主要对象，也是教育效果评估的主要依据。因而，大学生的主体素质决定了大学生核心价值观教育的成效。面对社会各种思潮、价值观念及现实利益的诱惑和冲击，大学生的思想观念已经产生了变化，而此时如不加强教育和指引，其价值观必将对未来社会造成不利影响。

大学生的主体素质薄弱的表现主要包括三个方面：一是对理想的追求呈现功利化倾向。在社会这一大环境中，由于受其影响，大学生所追求的理想变得更现实、更物质，许多大学生将是否能留在大城市并拥有大城市户籍、工作体面与否、薪水的高与低视为人生是否成功的直接衡量标准，而那些偏僻地区、环境较差的岗位往往显现出视而不见的态度。其中，现行的教育体制机制中存在的诸多问题和矛盾是造成大学生理想追求转变的一大主要因素，例如，高校扩招后学生的就业难问题、应试教育的片面性、素质教育的口号化等也为功利主义思想的蔓延创造了条件。② 从而，使得功利主义思想不断地在控制着大学生的主流价值观念，并让大学生忽视了社会本位而更加重视个人本位价值。二是价值主体的过度自我化。众所周知，当代大学生在价值主体意识方面具有较强的主导性。改革开放前，国家为确保经济体制的顺利运行，因而在思想上，大家都需要统一在国家的层面，需要具备高度的集体主义意识，忽略个人主义重视集体的力量，使得个人的意愿受到压制。而改革开放后，在市场经济的冲击之下，企业及个人作为独立的价值主体参与到市场竞争中，在财富和经济利益方面具有很强的独立性，并且拥有个体的合法经营权，自负盈亏、自主决策，能够将主观能动性得到充分发

---

① 郑晓旭．当代大学生社会主义核心价值观培育研究［D］．哈尔滨：哈尔滨理工大学，2014.

② 谭敏达．当代大学生价值取向功利化的文化历史探究［J］．山东青年管理干部学院学报，2010（3）．

挥。很显然，社会思潮的多元化对当代大学生实现自我价值的意识具有促进作用，但同时其也阻碍着大学生核心价值观的培育和践行。三是大学生价值取向趋于多元化。价值取向是人们对客观事物所持有的具有主观倾向性的态度，包括对价值的判断、甄别、追求等。而学生的价值取向主要是指大学生用何种态度去看待自己之于社会的价值，以及自我的价值，从而对自身的追求做出评判和甄别。当前社会，市场经济对个人的合法权益有充分的肯定，大学生作为社会中的一个特殊群体，其价值观念的构建，也受到市场经济的影响，逐渐趋向于多元化地发展。这种价值取向的多元化对于核心价值观的推行是十分不利的，致使大学生的价值观念变得极为混乱。

再次，自媒体在大学生核心价值观的传播中未能受到足够重视。如今，在核心价值观的教育中，网络多媒体的载体作用已有了充分发挥，但近年发展迅猛的自媒体却未能物尽其用。所谓的自媒体，就是一种只要有网络，人们就能够随时随地分享其个人感受和耳闻目睹的事情，例如微博、论坛、QQ、微信等，其最为突出的特征便是要求低、传播快，对于核心价值观的传播非常适宜。在 2014 年 6 月由中国互联网络信息中心发布的《第 34 次中国互联网络发展状况统计报告》中，就指出学生是当前中国网民中最大的群体，在总群体中占 25.1%，互联网的普及率在学生中处于高位，另外，微博客等应用软件对网民接触网络新闻和话题具有极大的促进作用①。

正是因为部分教育者对自媒体的运用不到位，使其丧失了对大学生核心价值观教育的一大优势。高校教育者应该有意识地占领思想和文化教育阵地，否则便会被封建主义和资本主义所占据。其实，意识形态的角逐从来都是处在无形之中，无时不有，无处不在。在网络媒体高速发展的当今时代，大学生中的“网虫”“低头族”随处可见，网络信息对其影响巨大。因而，网络媒体在社会主义核心价值观教育的过程中必然扮演着重要的角色。尽管有些高校，如清华大学、北京大学、复旦大学、华东师范大学等都已经建立起了官方微博、微信公众号等信息平台，以用于宣传自身形象。不可否认，自媒体对于社会主义核心价值观具有传播、内化的作用，若能有效运用自媒体的优势，使其运用到实处，便能成为教育主体间相互交流的平台，还能够拉拢老师与学生、学生与学校及学生与核心价值观之间的距离，增强其实效性。正如有学者所指出的，要使高校的官方微博成为核心价值观方面的引领者和宣传者，以及先进文化方面的建设者和传承者。② 但当我们细究起来就不难发现，大多数高校的自媒体都只是转载一些校园新闻、名人讲座、日常信息，而社会主义核心价值观的内容极为少见。同时，担负着大学生价值观教育的高校教师们对于自媒体的使用情况也不容乐观，有的老

① 第 34 次中国互联网络发展状况统计报告［J］. 互联网天地，2014（7）.

② 黎志强 . 如何做好高校官方微博［N］. 光明日报，2012-12-9.

师甚至直言，自媒体是自己隐私的一部分，因传统中老师与学生之间的特殊关系，添加学生为好友的数目极为有限。即使有部分老师在与学生的交流中使用到了自媒体，但效果也不甚理想。如2013年北京大学的孔庆东教授在其博客中发表的一系列言论，其中包括三个带有侮辱性的词汇，其发言对当时社会产生了广泛的不良影响，其网络暴力语言的做法与学生的价值观导向不相符合，会误导学生的价值取向和判断。

又次，大学生核心价值观培育认可度有待增强。有调查显示，学生对于“现在所倡导的社会主义核心价值观的看法”，70.25%的人选择“和现实生活密切相关的，需要倡导”，对“实现个人梦想与中国梦是否需凝聚社会主义核心价值观的看法”，有89.9%的人选择了“是”，对于“自己是否会自觉践行社会主义核心价值观”这一提问，只有40%的学生选择“是”。在“您更乐于接受什么方式倡导的社会主义核心价值观”一题中有38.11%的人选择“思政课老师生动的教学”，排在第一位，但在“思政课对树立大学生社会主义核心价值观作用”回答“理论与现实教育存在差距”的占46.46%，也是位列第一。[①] 与此同时，在武汉大学的一份调查报告中显示，“没有系统学习过马克思主义经典著作的学生占66%，因而对其理论精华未能深入了解，22%的学生认为马克思主义意识形态和指导思想对其距离较远，还有11%的学生认为马克思主义过时了，已经没有学习的必要”[②]。这些数据无不指向一个目标，即大学生对社会主义核心价值观培育的认同程度有待进一步增强。

由上可知，大学生对于核心价值观的认同程度需提升，根源于其对马克思主义指导思想的认同度的降低，更有学生认为思想政治理论课程的设置是没有必要的。并且，在思想政治理论课上，通常有部分学生不去上课，有的人即使是去了，其在课堂上也是在做别的事情，没有认真听课。临近考试的时候再临时抱佛脚，死记硬背甚至作弊来应付期末考试，这与思想政治理论课设置的初衷完全背离。由于这些学生的不学习，导致他们越不了解马克思主义的正确性和科学性，也就对马克思主义理论更加怀疑，难免走进这样这一种恶循环。最终的结果就是对马克思主义指导思想及社会主义核心价值观的认同度降低，反而受到其他社会思潮的影响。最近几年以来，校园暴力、校园自杀、校园投毒事件屡见报端，并且并无减少的趋势。从教学效果的层面来说，这是由于社会主义核心价值观教育还不到位，未被所有学生认可有关。核心价值观作为大学生行为观念中最高层次的要求，其地位和作用应当在高校中得到凸显，但事实并非如此。在很多高校中，核心价值观教育只是被大家视为一个刻板的教学内容、政治概念以及口号

---

① 徐定高．大学生社会主义核心价值观培育研究［D］．杭州：浙江农林大学，2015.

② 武汉大学课题组．大学生理想信念及教育现状调查分析报告［J］．学校党建与思想教育，2008（12）．

化、形式化的标语。因此，在实施过程中，高校作为重要的教育场所，必须真正从内到外地重视学生的核心价值观教育，给教育者和受教育者给予尽可能多的支持，增强实效性，让核心价值观成为大学生的必需品。

最后，大学生核心价值观培育的内容实效性不足。社会主义核心价值观作为我国社会未来发展的价值标准，直源于我们国家的建设先驱们长时间累积的实践经验和亲身经历之后检验所得出的对我国现阶段社会各个方面的基本看法和行为态度，经过不断反复地总结和凝练以及语言的高度概括，具有一定的意识形态性和抽象性，是所有教育者和受教育者必须遵循的基本价值取向。马克思曾指出，从前的一切唯物主义的主要缺点是：对对象、感性、现实，只是从直观或客体的方式去领会，而非将其视为人的感性的活动，应该当作一种实践的活动去理解，不是从主体方面去了解。[①] 人们通过各种现实活动将学生培养成为感性的人的教育活动，基于其理论实质，作为一种有目的、有计划地对人的身心发展有直接影响的社会实践活动。然而，现实情况却是理论与实践的严重脱节。

社会主义核心价值观的内容已经处于加强培育的过程之中，但由于某些客观原因，如教材的编写、印刷等需要花费一定时间，而使教材中的一些内容会出现滞后的现象。众所周知，大学生核心价值观教育进行实践方面教学的目的是帮助大学生树立正确的世界观、价值观、人生观，同时提升其道德品质和责任担当意识，基于中国特色社会主义理论体系的指导进行核心价值观培育。目前我国高校将实践教学视为思想政治理论课程的辅助手段，而没有纳入到课程设置中。面对核心价值观教育内容空洞、陈旧，教育者未能把社会实际问题与教学内容相结合，也没有很好地使核心价值观教育与大学生所关注的切身问题有机结合，从而导致大学生对于核心价值观的教育意兴阑珊，对这些内容反感、抵触。在对党校教育的意见和建议的一项调查中，有占78.3%的大学生希望能够改变当前的教学方式，需更多地结合时事热点，分析发生在身边的社会问题，根据我国国情和社会焦点问题展开教学。[②] 当前高校大学生的特点鲜明，有个人的思想、较为自我、物质化等，教育者未能根据大学生的心理特征做到与时俱进地进行教学工作。在一份调查中，显示出大一新生对思想政治理论课并无明显反感情绪，而从大二开始，直至毕业，这一现象呈直线递增趋势，学生有明显的抵触，甚至倦怠。[③]

---

① 马克思恩格斯文集（第1卷）［M］. 北京：人民出版社，2009：499.

② 邓志斌. 大学生社会主义核心价值观培育中的问题与对策［J］. 当代教育论坛，2008（7）.

③ 陈飞昕，林超. 新媒体环境下，大学生核心价值观培养的调查和思考［J］. 思想工作探索，2009（3）.

二、大学生核心价值观培育问题成因的体育审美分析

在当今经济全球化的大背景下，造成大学生核心价值观培育出现问题的因素是多方面的。其中，这些成因又是由内因和外因共同作用而成，主要包括大学生核心价值观教育中体育审美教育理论缺乏、大学生核心价值观教育中教育主体间关系制约着教育效果、大学生核心价值观教育课程不够合理、大学生核心价值观教育载体创新性不足、大学生核心价值观教育工作者体育审美教育素养和意识缺失等。

（一）大学生核心价值观教育中体育审美教育理念欠缺

当前，学术界和理论界对于审美教育的研究较多，并有了一套相对完善的知识理论体系，但对于体育审美教育的研究并不多见，尤其是与思想政治教育或社会主义核心价值观教育相结合的研究更为稀缺，所以这在一定程度上限制了大学生核心价值观教育的进行和发展，并且二者的结合，也显得十分必要，这也从侧面反映出大学生的全面发展并未得到足够重视。有调查结果显示，大多数高校未将体育审美教育作为思想政治教育的一部分，使得体育审美教育在大学生思想政治教育中没能形成有机的系统，持续性和稳定性也有待提升。① 毫无疑问，思想政治理论课程被视为大学生核心价值观教育的主要途径是正确的，并且对于大学生道德观念、思想觉悟的提升提供了有效的帮助。但是，根据我国教育的特点，从制定一系列培养目标，到选择合适的教育内容，再到教育理念的贯彻实施，这个制定权和决策权一般都归属于教育部门和教育者，价值观教育也不例外，是按照统治阶级的意志而指定的关于国家、社会和个人的意识形态，每个人都必须遵守，带有强制性的色彩，并且学生的主体性地位也没有受到足够重视。在此过程中，“我们的价值观教育却失去了这一主体，而我们认定和倡导的各种价值观念、原则、规范却成了主体。”② 这也关乎大学生的全面协调发展，因此，体育审美教育理念的加强势在必行。

21 世纪，关注人的价值发展是当今国际社会教育领域的大势所趋。当代大学生的思想观念呈现出多元化的发展趋势，高校教师既要坚持“以人为本，德育为先”的教育理念，又必须对现有理念进行创新，这也是对高校教师提出的一项严峻考验。在市场经济的冲击下，高校也不同程度地受到了实用主义和工具理性的影响，使得大学教育的首要任务是专业知识的教授，更加重视教育是否符合实用性的要求，从而忽视了大学生体育审美教育以及体育审美观念的培养，以为体育审美教育只是专业课程的附属，根本没能发现其对于大学生全面发展的重要

① 吴文兵．美育在大学生思想政治教育中的功能研究［D］．马鞍山：安徽工业大学，2011.

② 刘济良．青少年价值观教育研究［M］．广州：广东教育出版社，2003：84.

性，认为这是无关紧要的，致使大学生核心价值观教育中体育审美教育理念始终处于失位状态。曾有文件指出，美育对于培养学生健康的审美能力和审美观念，陶冶其高尚的道德情操，培养全面发展的人才作用巨大。这一观点已足以表明审美教育以及体育审美教育在大学生道德培养中的价值地位。因而，我们必须重视核心价值观教育中体育审美教育理念的加强和提升，加强其教育，促进大学生全面发展。

（二）大学生核心价值观教育中教育主客体间关系制约着教育效果

高校大学生核心价值观教育的教育双方，即教育者和受教育者，二者分别为教育主体和教育客体。高校核心价值观教育工作者负责对大学生的培育状况进行评价和监督，权衡和判断大学生核心价值观学习的情况，并及时地对教育方法和途径进行改革或创新，以避免无效的施教。从国家对教育者的规定中可窥知，教育者对教育活动似乎握有主动权，并且从教师的一些教学行为中也能证实这一现象的存在，有部分教育者在进行核心价值观教育时，对待大学生明显地处于不对等的位置，有强烈的控制欲，凌驾于大学生之上，将大学生核心价值观教育的方式和内容强加给学生。尤其，教育者皆具有成熟的价值观念，而其个人的价值观念未必与核心价值观相一致，这就使得教育者将带有个人色彩的价值观念传输给学生，进行错误的引导和示范。因此，教育者在这一活动中，已经将自己视为一种道德媒介把价值观念传达给了学生，而学生是否接受，则需要其具备很好的辨识和判断能力。

当前大学生核心价值观培育中主客体间关系出现不平衡现象，主要由于一方面未能充分调动受教育者的主观能动性，教育以“填鸭式”灌输为主，受教育者完全是按照教育者的意图行事，几乎没有自主的权利；另一方面教育者对自身认识不足，导致其忽略了对学生产生的影响力，甚至对学生进行错误的引导。实际上，思想政治教育理论发展到现如今的地步，人们越来越注重教育主客体之间的互动和交流，而价值观教育既直接来源于人的生命存在，又体现了人的生命价值，映衬着现代思想政治教育强调主客体之间的交往和互动。价值观对于每个人而言一样，都有共性和个性之别，因而教师与学生的价值观有差别也在情理之中，也不难理解。同样，在体育审美教育中渗透入核心价值观教育的内容对于大学或所能来说亦是如此。很多教师并未真正正视教师与学生之间的关系，而师生之间这种不对等的关系，直接影响教学效果的提升。尽管在体育审美教育和核心价值观教育是两个不同学科体系，二者的关系也没有想象中那么紧密，但是我们应该意识到，这一现象应得到极大重视。

（三）大学生核心价值观教育内容单一且课程设置不够合理

大学生核心价值观的内容是核心价值观教育任务和目标的具象化，对核心价值观目标的实现和达成有直接影响。因而，核心价值观教育的审美化是实现核心价值观教育体育审美化的关键之所在。社会主义核心价值观教育的内容主要是由国家、社会和个人三个层面组合而成，这三个方面是一个相互渗透、相互约束、相互关联的有机整体，是核心价值观教育内容的协调之美。同时，这三个层面所倡导的内容又体现了大学生思想政治教育中的世界观、人生观、价值观、道德观、政治观等。而目前高校中思想政治教育主要侧重于道德观及政治观教育，对于其他三个方面观念理论的教育略显单薄，这就使得其内容表现出单一的现象，缺乏应有的完整性，这就使大学生核心价值观教育无法突破瓶颈，止步不前。

高校中的体育审美教育主要包括审美知识教育、审美情感熏陶及审美形象的培养等系统完整的教育教学体系，但是，现今大学生的体育审美教育几乎很少设计审美情感的熏陶和审美形象的引导，还只是局限于审美知识的范围之内进行教学。显然，这其中有很大一部分原因归结于体育审美教育课程设置的不合理性。我国大多数高校的体育审美课程都是作为选修课进行，学生凭照各自的兴趣爱好来决定是否选择这门课程，而非强制性地使学生必须学习这门课程。选课效果不佳也是在意料之中，因为很多人都没有接触过类似的课程，这就很大程度上降低了体育审美课程的教育作用。此外，从课程学分来讲，高校中审美教育课程的学分占1~4学分，而一名本科生四年所修总学分为150~200左右，通过计算不难看出，审美教育在大学生的总学分中所占比例约为1%~2%。① 可见，审美教育课程所修学分极低，并且学时也甚少。从我国高校体育审美教育课程的内容来看，多数学校的课程教学内容范围较为狭小，学生能选修的课程有限，并且没有统一的教材，使得学生对这类课程缺少重视，故影响到其实效性的提升。

（四）大学生核心价值观教育途径和载体创新性不足

高校核心价值观理论授课方法还存在着诸多非美学的成分和要素。首先，关于核心价值观教育的授课方式基本都是采用大班教学，由于学生多、教室大，其直接后果便是教室难以控制课堂纪律而使教学效果大打折扣，特别是坐在后面几排的学生因空间距离过大使师生之间的交流变得困难，这对于授课效果及教师信息的传递存在较大影响。另外，在思想政治理论课的课堂教学方法上，大多数教师只是重视教材理论知识的传输，而忽视了理论知识与社会生活实践的结合，致使学生对思想政治理论课产生厌怠情绪。同时，在思想政治理论课程考核与评价方面，几乎所有高校都是采用考试的形式，并在考前告诉学生相关考试内容，学生为了应付期末考试而成为“背题机器”，也不会深入体会相关理论的实质和内涵。总体而言，如今大学生核心价值观教育的途径过于保守和传统，缺乏创新

---

① 陈晶晶. 思想政治教育视野下大学生审美教育研究［D］. 长沙：湖南大学，2010.

性，也是诸多问题产生的根源。

大学生核心价值观教育的载体同样也受到传统思想政治教育理念的影响，未能进行载体和媒介的改进和创新。而体育审美教育作为思想政治理论传播的载体之一，教育者未能有强烈的意识来通过体育审美教育传播核心价值观的内容，并对其有一定的误解。一是把核心价值观教育内容在体育审美教育过程中被政治化，将其简单地视为政治教育。诚然，核心价值观教育是意识形态的产物，但如果教育者将此思路直接以政治化的方式传达给学生，对于核心价值观教育的独特性和规律性的考虑欠缺，有悖于教育教学规律。在体育审美教育的课程中，部分教育者依然只是按刚性的制度和规范来约束学生，缺乏该课程中的美学因素，不能通过体育审美教育的相关活动渗透核心价值观的内容，以及忽视了美育的柔性功能，直接导致教师对学生的感受不能有切身体会，而且学生也不能在心理上认同老师，使学生的体育审美情感缺失及审美观念无法得到提升。二是教育者直接用理论方面的教育替代了体育审美教育。有部分思想政治教育工作者认为只要按照实现共产主义的目标教学就没有问题，就是正确的，殊不知，虽然目标正确，但是教育效果十分不乐观，而体育审美教育作为大学生核心价值观教育的一种调味剂，对于改善思想政治理论知识传授的效果能给予有效帮助，关键在于教育者能否正确、恰当地使用。

（五）大学生核心价值观教育工作者体育审美素养缺失

大学生核心价值观教育工作者的体育审美素养对于核心价值观教育的运用有直接影响。当前的核心价值观教育中，体育审美素养在部分教育工作者中表现为缺失，缺少相关的基础训练，因而教育者不能依照每个学生的性格特征和现实状况来因势利导地、渠道广泛地实施体育审美教育，单纯地强制学生学习容易使学生产生逆反情绪。另外，核心价值观教育工作者的水平也良莠不齐，长时间从事该领域研究和工作使其产生了职业倦怠，对工作缺乏热情，以至于体育审美教育只是一种表面形式，没有实际效果。

当前，我国高校极少有专业的体育审美教育方面的教师，大多数是由文学专业的美学老师或艺术专业的老师“客串”教授体育审美教育的课程，其教学能力和教育质量参差不齐，因而教学效果也很难有保证。根据问卷调查报告，大学生对于“请对思想政治教育课教师的课堂教学效果给予评价”一题，有91%的人选择“思想政治理论课死板、毫无生气、生搬硬灌”，认为思想政治教育工作者教学新颖、富于创造性的占17%，并且现有思想政治理论课教师中系统学习了审美理论知识的人不超过5%①。一直以来，思想政治教育工作者对大学生的体育审美教育普遍缺

① 郭萌．基于培养大学生创新能力的审美教育研究［D］．西安：西安科技大学，2007.

少重视，而且主动参加培训、自觉提升自身水平的体育审美教育工作者寥寥无几。这类教师在缺乏审美教育基础理论知识的情况下，也就无法帮助大学生树立正确的审美观念、提升审美意识，甚至有相当一部分的思想政治理论课教师有“谈美色变”的现象，认为体育审美教育与核心价值观教育不相符合，这也从侧面反映了其自身体育审美知识的匮乏及审美素养较低。“师者，范也。”这也说明教师言传身教的重要性，当教师规范好自身之后，对学生的影响力和教育效果也许会有事半功倍的效果。因而，大学生核心价值观教育者自身素养的提升有极大必要，只有教师做好了榜样，才能确保大学生核心价值观教育工作的顺利开展。

第三节　体育审美教育在大学生核心价值观培育中的作用

当前，大学生核心价值观教育的重点是帮助学生树立正确的价值观念。而关于如何进行丰富多彩和卓富成效的教育活动，是对高校思想政治教育工作者的严峻考验和重要课题。当代大学生已逐渐变得自主，追求独立的人格和自我表现，擅于独立思考、自我突破、自主创新，把握自己的人生价值，而体育审美教育的开展正好为学生创设了一个助其发展的良好空间。加强高校体育审美教育，对于学生形成正确的价值抉择、丰富其校园生活、加强精神文明建设等，具有积极的影响和重要的作用。

一、转变大学生现有的价值观念

（一）有助于大学生正确价值观的形成

众所周知，一个人价值观的形成，需要多种途径、多种方式的共同作用，其中就包括体育审美教育。如姚明、刘翔、邓亚萍、陈一冰、郎平、郭晶晶等体育项目中的名人，以及其他一些体育楷模和先进人物，他们对于体育审美活动的贡献巨大，且其自身的思想道德高尚。正是因为他们在现实生活中表现出来的审美情操和生活态度，感染着身边千千万万的人们，使更多的人向往和赞美体育运动，成为人们所追求的目标。体育审美教育在大学生核心价值观教育的过程中所具有的如此强大的功能，是由于该种审美情感是多种心理共同作用的结果。在核心价值观教育中，体育审美教育者在触发受教育者情感的同时，就将学生潜意识中的欲望、冲动、情绪激发了出来，并随着价值观的教育，通过理性的引导和规范，将其引入到审美世界中来。

在改革开放和市场经济深入发展的今天，传统文化不断受到社会中变革浪潮的冲撞。诚然，市场经济的发展，极大地丰富了人们的物质生活，但在同时，人们的生活方式、思想观念以及价值观念都产生了极大的变化，使得拜金主义、享乐主义、现实主义的思潮不断蔓延和侵蚀，极大地冲击着大学生这个特殊群体。

大学生尚未步入社会，由于这些因素的影响使其呈现出较强的物质色彩和功利色彩。在此种情况下，体育活动能够发挥其巨大的作用。体育作为现代学校教育的重要内容及特有的文化现象，总是希望能够在最大限度上为人类拥有健康的精神贡献力量。曾有人指出，人与动物的根本区别在于人拥有精神①。也就是说，体育审美教育在促进人的精神发展，塑造人们高尚的精神境界不断努力。体育中的审美教育主要是从对体育活动美的认识、美的感受和美的领悟中获得愉悦的体验，并在愉悦的过程中接受教育。

（二）有助于大学生人格品质的完善

塑造形体美是体育审美教育的首要功能，即在体育美学知识的教育下，附之以严格而科学的体育训练和教学，促进学生身体的健康成长，同时能让学生拥有坚强的骨骼、优美的姿态、匀称的身形、发达的肌肉、健康的肤色。其实，体育中的美的具体表现形式为人体。劳动既创造了人本身，又创造出了美。② 然而，在多种客观原因的束缚下，人们在劳动中的自然美还尚不能充分发挥与自由表现。不过，值得一提的是，在体育审美知识的教育下，这种情况在很大程度上将得到改观。科学研究表明，人的体型与遗传存在着很大的关联，但可以通过后天的体育锻炼对其加以改善，从而塑造出完美、健康的身形，充分展现出人体的自然美。

体育审美知识的学习不仅可以提高学生的身体素质，更能够健全和完善学生的人格品质。在体育教学中融入审美教育的思想可以达到增强体育教学的身心教育功能的效果，不仅有利于学生乐观积极、勇敢坚强性格的养成，还能够使学生的潜能得到最大发挥。③ 人们之所以进行体育运动，其根本意义在于它能充分展现人们的能量和意志力。体育活动的前提和基础是付出，因此，从事体育运动的人需要迎接各式各样的挑战，这也是人的体能和意志不断提升的过程。人们在体育运动中不断超越自我、走向成功或品尝失败，都使其信念和意志经受了时间的考验和磨炼，使人的人格品质和道德意识得到进一步完善，也只有在个人品德修养达到一个境界时，才能够具备责任担当意识。基于上述要求，我们应该更多地鼓励和支持人们积极地投身于体育活动中，从而愉悦人们的身心，控制个人情感，使大学生能够拥有开朗乐观的积极态度，能够做到热爱学习，热爱生活，热爱社会，始终持有一颗积极向上的心。事实证明，积极参加运动的人很少会有心理疾病，更不会因为心理问题而寻短见。④

---

① 孟仁和．试谈教学中体育与美育的关系［J］．淮北煤师院学报，2000（2）．

② 席冲．论体育与美育的关系［J］．湖北体育科技，2000（2）．

③ 杜雪，李哲．高校体育教学中对审美教育思想的渗透［J］．科学中国人，2015（26）．

④ 洪旺，陈斯．体育教育中社会主义核心价值观审视与塑造［J］．内蒙古师范大学学报（教育科学版），2015（6）．

（三）有助于大学生审美观念的树立

体育审美教育对于培养人们的审美鉴赏力和审美观念而言，是最直接、最基本的一种教育形态。通过此种教育，使学生能够懂得和分辨何为美、何为丑，何为体育之美以及运动之美，充分认识美的规律，培养大学生对美的感受和感知能力，再通过这种对美的感知能力，在生活中寻找美的事物、捕捉美的镜头、塑造美的形象、享受美的生活。意思就是，随着人们体育审美能力的提高，其对于美的追求、创造、培养的热情也将逐渐提升，身体力行地加入到审美的实践中，以获取更多、更大的审美价值和社会效益①。

体育审美教育的本质在于发挥体育中美的作用，通过挖掘体育教学过程中美的元素，指引大学生发现体育中的美，领悟体育中的美，强化学生的审美意识，培养其体育审美情趣，使学生能够主动投入到体育活动中，自觉地参加体育运动，在体育中主动地发展。体育是美和健的统一，二者缺一不可。体育活动能够使学生身体健美、行动灵活，这既体现了身体的健康，又是人体美的象征。高校中的体育教学活动丰富多样，能够培养学生的形体美、姿态美，使学生树立正确的审美观念。而在体育课的教学实践中，要对体育教学中的审美教育有明确的目标，首先，学校应当有效地开展培养大学生体育审美感知力的活动。审美感知力中有一定的先天性，只需在适当的审美教育的激发之下便可活跃起来。因此，在体育课上，教师要鼓励和带领学生亲身体验并感受体育活动带来的乐趣。其次，应当着力提升大学生的审美鉴赏能力。在审美的层次中，审美鉴赏力略高于审美感受力，是审美感受力的升华，其理性和社会因素更加凸显。因而，在培养学生审美鉴赏能力的同时，应当辅之以必要的世界观和人生观教育。最后，还应培养学生的体育审美创造力。体育审美创造力涉及人们应以美的规律去创造美的体魄以及美的运动形态。它是把体育运动的思维想象力和运动既能建立在审美感知力及审美鉴赏力的培养和提高的基础之上，而进行体育活动的再创造，丰富体育审美的形式，使学生树立正确、积极的审美观念，从而更好地应用到社会主义核心价值观的学习之中，端正思想道德意识和个人品质。

二、丰富大学生核心价值观培育内容

（一）将“真、善、美”的教育理念统一于大学生核心价值观培育过程中

大学生核心价值观培育的内容是真理性和科学性的统一，契合社会及客观事

---

① 曾晓莉．体育审美教育基础、前提与作用四川体育科学，1998（1）．

物发展的一般性规律；大学生核心价值观培育的目的又具有崇德性和向善性，能够提升受教育者的人格品德；“真”和“善”内含于大学生核心价值观培育的内容和目的之中，同时促使受教育者追求人性之美和崇高的人生境界，这当然也是核心价值观培育的题中应有之义。以体育美学的知识理论指导核心价值观教育活动，一方面可以体现“真、善、美”的要求，另一方面还能避免大学生核心价值观的异化出现。现如今思想政治理论工作的灌输和说教已是人尽皆知，使得大部分受教育者毫无兴趣，甚至有了抵触和逆反的情绪，收效甚微。

在核心价值观培育的过程中，大学生追求的是“真、善、美”，憎恨“假、恶、丑”。其中，真指的是人与自然的和谐关系；善指的是人与人之间的关系；而美则是真与善的内在统一体。这归结于美中蕴含了真和善，并在体育教育中导入美的元素，将使之变得更有气力、更富效果。高校大学生思想政治教育的基本目标是把大学生培养成为真善美统筹发展的合格建设者和可靠接班人。因此，对于社会主义核心价值观的培育，也应当在其内容中注意把“真”和“善”二者统一于“美”中，使得大学生核心价值观培育具有科学性、理论型、审美性、艺术性的特征。将社会主义核心价值观教育的内容渗透到大学生的本能行为习惯当中，寓教于乐、外化于性，发挥体育审美教育的耳濡目染的作用。就好比一场盛大的体育竞赛，能够使很多的人在情感上产生共识，在思想和精神上得到激励，成为个人的美好回忆。而要探析其中的缘由，大概是因为这场比赛把丰富多彩的内容与美的形式结合在了一起，使大学生的人生理想有了现实的支撑，在激励和教育中，将这种实践活动内化为自身的主动意识。

（二）体育审美教育是新时期大学生核心价值观培育的重要内容

体育审美教育其实是培养道德品质的重要途径，而培养道德品质也是培育大学生核心价值观的一项重要内容。前苏联著名的教育家克鲁普斯卡娅曾指出，如果没有美育，个性就不可能有充分的发展①。体育审美教育是道德教育的一个重要的辅助性手段，其主要是通过体育活动中的美的形象来对人们进行熏染和陶冶，使受教育者能够在学习道德规范的同时欣赏到源于人类的伟大与尊荣，领会到人类自身所特有的力量之美，让人们对美的追求转化为对道德的觅寻，使自身道德品格得以升华，进而凝结为个人扎实的道德规范体系。而人们的道德理念需要经过内化，转变为个人的信仰，才能自觉地投身实践，从而形成稳固、有效的道德理念。在实践中，大学生应以社会主义核心价值观的内容武装其大脑。

当前，我国高校中主要是为了培养德智体美全面发展的社会主义事业建设者

① 彭若芝．美育简论［M］．北京：科学教育出版社，1988：54.

和接班人。在培养和提高大学生全面素质的进程中，体育审美教育能够使大学生的各方面能力进一步发展和完善。同时，大学生的审美修养也是其核心价值观教育的一个重要内容和指标。马克思也曾提出，人也是按照美的规律来建造①。意思就是，人类都是遵从于美的客观规律来改造主观世界与客观世界的。大学生正处于人生发展的关键阶段，其在进行职业生涯规划和完善自身人格的过程之中，必定会存有对美的追求。大学生核心价值观教育是为了将大学生培养成为有理想、有道德、人格健全、素质全面的人，因此，教育者更应该多的为大学生进行美的熏染和思想上的引导，突出体育审美教育与核心价值观的结合和统一，以正确的审美观引领大学生成为品德高尚的人。因此，培养高尚道德品质的大学生是核心价值观的重要目标和途径，同时体育审美教育也是大学生核心价值观培育的重要组成部分。

（三）体育审美教育在大学生的全面发展中的作用无可替代

马克思关于人的全面发展理论是马克思主义的最高价值理想，同时也是人类追求的最高理想境界。大学生的全面发展主要指其能力的全面性，具体而言，就包括人的道德能力、智育能力、体育能力以及审美能力，即德、智、体、美这四个方面的全面发展，并且这四个方面相互关联、相互约束，形成一个统一的整体，是大学生成长过程中的四个主要方面，其作用无可替代。在这之中，德是大学生成长的核心，智是大学生成长的根基，体是大学生成长的条件，美是大学生成长的内容实质。高校之所以对体育审美教育不够重视，主要是由于尚未认识到体育审美教育那“无可替代”的重要作用，对于体育和美育对智育及德育的影响了解地不够准确和深刻。

以体育审美教育推动大学生社会主义核心价值观培育是大学生全面发展的重要路径选择。人的全面发展既是马克思主义理论体系中的基本内容，同时也是我党教育方针的理论奥义及我国社会主义教育发展的基本目标。人的全面发展，顾名思义，就是要促进人的素质全方位地提高。而将体育审美教育与社会主义核心价值观教育结合起来，能够使核心价值观中所蕴藏的科学美、自然美、艺术美等得到充分展现，培养大学生具备感知美、欣赏美、创造美的能力和审美观念，并将其与德育、智育有机结合，最终实现大学生的自由而全面的发展。与此同时，体育审美教育也是大学生提高自身修为，进行自我培育的内在需求。并且，众所周知，人的全面发展是建立在感性与理性二者矛盾统一的基础之上的，而体育审美教育也具备此种特点，是大学生发展的重要组成部分，不可或缺、无可替代。

---

① 韩学本.《1844年经济学哲学手稿》试析［M］. 兰州：兰州大学出版社，1988：159.

三、拓展大学生核心价值观培育的方法途径

（一）扩充了大学生核心价值观培育的途径

为使核心价值观培育贯彻落实，高校中探索出来的途径主要包括课堂教学、课外实践、教育管理等。其中，课堂教学是培育大学生核心价值观的基本途径，其教育内容主要渗透在思想政治理论课程、形势与政策课程、职业生涯规划课程、心理健康教育课程及人文选修课程等；课外实践活动主要包括科研学术探究、社团组织活动、热心公益活动等；教育管理则是指高校中的管理部门和决策部门通过制定一定的规章制度以规范和约束大学生的日常行为，并在管理的过程中使大学生践行社会主义核心价值观。但显而易见的是，这些途径中都有一个较为突出的问题，即忽略了体育审美教育这一独特的教育功能。很多高校在体育教学的过程中并未将审美教育当作大学生核心价值观培育的主要途径，更未发挥出其潜移默化、寓教于乐的优势。

大学生核心价值观培育的主要途径在于思想政治理论课，而现如今的思想政治理论课过于枯燥和乏味，导致很多学生产生了抵触情绪。而当今社会中，对高素质人才的要求是品德、能力、理论知识、综合素质的全面发展。那么，这样的人才培养理念的实现，单纯地依靠思想政治理论课的途径是远远不够的，必须充分发挥体育审美教育的教育功能，使之成为大学生核心价值观教育的又一有效途径。1999 年颁布的《中共中央国务院关于深化教育改革全面推进素质教育的决定》中明确提出，学校应当尽快改变美育工作的薄弱环节，将美育融入学校教育的全过程。[①] 美育如此，体育审美教育更应当如此，使之能够有效地促进大学生核心价值观培育，提高学生个人素养。

（二）创新了大学生核心价值观培育的方法

创新是一个民族发展、进步的不竭动力和源泉，是个体生命发展的内在诉求，同时也是转型期全体社会成员的真切呼唤。飞速发展的社会逼迫人们重视提高创新能力和创新效果，以谋求生存和发展。当今时代，创新已然成为了时代发展的主流。十八届五中全会将“创新”纳入到了“五大发展理念”之中，而李克强总理也多次提出“大众创业，万众创新”的口号，这无不标志着国家对创新的重视程度已经越来越高。而体育审美教育的特有功能对于创新型人才的培育起着不可替代的作用。体育审美教育作为一种创造性教育，其以丰富、生动的感性直观结合审美主体的感觉，能够挖掘事物的本质属性及把握事物的整体规划。体育审美活动的一种重要特征就是其具有丰富的创造性，以创新出不一样的审美

① 中共中央国务院关于深化教育改革全面推进素质教育的决定［J］. 中国职业技术教育，1999（7）.

体验为追求，因此，体育审美教育也是对大学生核心价值观教育方法的创新和创造。

当今世界，知识经济和科技革命的迅猛发展，使得创新意识的培养显得尤为迫切，而体育审美教育正是其中效果明显的手段和方法。首先，体育审美活动可以调节人的生理机能，使人思维敏捷、头脑清醒、充满活力，使大学生核心价值观教育的方法焕然一新，与传统的教育方法高判立下；其次，审美活动可以调节人的心理，使人精神饱满、活力四射，为此方法的施行提供了必要的心理准备；再次，体育活动中也充满了创新的元素。一方面，自然界本身是有规律可循的，而创新是在这种规律的支配下自然发生的，这是一种必然现象；另一方面，体育审美教育具有简洁、优美、引人向上等特征，给人以悦目悦耳之感，是新形势下大学生核心价值观教育的重要途径。

（三）将无形教育寓于有形活动之中

教育方式以思想政治教育为主的大学生核心价值观教育的基本方法和途径是实践体验。社会实践活动能够实现思想道德认知与智慧德性之间的转化的重要路径，其为思想道德知识与德性自由提供了纽带和桥梁，也是其实现过程转化的重要契机。[①] 通过组织安排大学生广泛参与、喜闻乐见的有形的社会实践活动进行核心价值观教育，这样一来，不仅可以使社会主义核心价值观培育的内容更加贴近群众、贴近实际和生活，使有形的实践活动更具无形性，同时也可以增强大学生核心价值观的针对性，提高大学生核心价值观的实效性，达到潜移默化的效果。

大学生核心价值观教育通过体育审美教育实践活动，能够使人们在悄无声息中接受体育活动物质环境和文化环境的熏染，不经意间地接受了体育运动中的真善美的内容，在遵照体育运动的规则和章程的基础上，提高了学生们的道德意识和心理素质。因而，从引导和提高大学生的道德意识和心理素质的层面可以看出，体育运动的核心价值观教育资源对于大学生高尚品德的形成具有无形渗透、潜移默化的特点。客观而言，体育运动本身也是一种社会实践活动，其既贯穿于人们身体活动的过程，又内含于人们道德品行形成的过程。在体育审美过程中渗透大学生核心价值观教育培育的内容，会使核心价值观教育的“无形性”特点发挥良好的效果。体育审美教育与大学生核心价值观教育的结合，不仅能够拉近每位同学之间的心理距离，使学生感受到接地气、好相处的教育形式，还能在进行体育活动的过程中，通过体育运动健儿的榜样作用，起到示范作用。这种有形的体育运动，会使得学生在无意之中就理解和接受与体育相关的思想和价值

---

① 张耀灿．思想政治教育学前沿［M］．北京：人民出版社，2006：216.

观念。

四、大学生核心价值观教育的持久吸引力

（一）突出体育审美教育愉悦性的特点，充分调动大学生的积极性

体育审美教育，从其字面意思来看，也可以感知其中所蕴含的愉悦性的特点，而且体育审美教育作为愉悦性教育的方式之一，其以娱乐的形式引导人、感染人、教育人。对于体育审美教育愉悦性的教育作用应当引发人们的足够重视，并且高校要充分发挥网络媒体、文娱活动、游览观光等体育审美教育的手段在大学生核心价值观教育中的主动性作用。① 同时，体育审美教育对于高校思想政治理论课教师工作的开展更加有利，也能使大学生更易接受核心价值观的内容。在课堂教学的过程中，思想政治理论课作为最具有意识形态和思想信仰倾向性的教育，主要是以硬性灌输和强制记忆为教育形式。而体育审美教育则是利用生动形象的事例和学生们喜闻乐见的生活日常把价值观念渗透进学生的内心，将理性教育融合愉悦的方式，产生“寓教于乐”“寓育于美”的效果，是学生能够主动接受教育。

席勒曾指出，只有当人是完整意义上的人，他才游戏；只有当人游戏之时，他才是完整的人。毫无疑问，日常生活中人也需要娱乐和消遣，以满足精神上的欲求。体育审美教育能够以艺术的形象，在人们享受美的过程中心灵能够得到净化，从而到达鲁迅思想理念中的“助成奋斗、向上、美化的”②。在传统的课堂教学中，教育者大多是以宣讲、灌输为主，容易使学生感觉到该课程的枯燥无味，不能够激发起学生的学习兴趣和积极性，事倍功半。而如果体育教育者能在课堂中通过讲解典型事例、观看体育比赛的过程中，同时向学生讲述社会主义核心价值观的内容，如诚信、公正、友善、法治、平等、爱国等，以愉悦的方式使学生感受到体育活动的魅力，充分调动学生参与和支持体育运动的积极性，并能够在体育活动中践行社会主义核心价值观。

（二）通过体育审美教育中的情感教育，激发大学生的情感认同

体育审美教育的情感性功能，是在寓教于美、以美引善以及在美的事物、形象、理想的感染之中，实现核心价值观教育的无形渗透。核心价值观是一种特殊的意识形态，既体现了社会中的行为标准，又彰显出了善恶的评判标准。一般情况下，我们对一个人的善恶进行评定时，站在体育审美教育的视角，其实就是对

---

① 中共中央党校毛泽东思想研究室．思想政治工作教程［M］．北京：中共中央党校出版社，1987：193.

② 鲁迅．鲁迅全集（第10卷）［M］．北京：人民文学出版社，1981：279.

该者进行审美方面的评价，二者关系密切，不可分割。不置可否，每个人价值观、人生观的形成和发展，以及政治意识、人格品质、道德行为的养成，都不是一种途径作用的结果，都需要多种方式，其中就包括了体育审美教育的各类活动。体育审美教育之所以意义重大，就在于其作为多种心理功能中审美情感的成果，具有个体性、情感性和欲望性。体育审美教育凭借对审美载体、审美形式的感受，有效地提升了审美能力，使大学生的心灵受到涤荡，从而进一步升华了大学生核心价值观教育的效果。①

众所周知，情感是一个相对稳定的心理体验。同时，人们对客观存在的事物的观点以及个人的追求、愿望等都具有相对的稳定性，其心理状态较为平稳，起伏、波动较小。在大学生的核心价值观教育中，情感教育的作用不可替代，将推进核心价值观教育有序展开。前苏联教育家苏霍姆林斯基说过："情感是道德理念、原则和精神力量的血肉与核心，没了情感，道德将变为索然无味的空话，也只能培育伪君子。"② 教育者应当首先将自身所有的感情融入到学生的内心深处，更多地从学生的角度来思考问题、看待问题，这样方能跨越沟壑、打破隔阂，不断提升大学生核心价值观教育的持久吸引力。

（三）通过体育审美教育中的情感教育，激发大学生的情感认同

车尔尼雪夫斯基曾指出，形象在美的领域中占据统治地位，并且美是稀有的活生生的事物，而不是抽象的思想。③ 正因为美具备这一特质，因而其较于抽象化的说教，更加具有说服力和感染力。形象化是以美引善的重要途径之一，美的形象能够使人有想象和联想的空间，在无形中就了解和认识到美的事物的内在价值。体育运动中本身就带有形象的美，如果将核心价值观教育融入形象化的美育中，学生们会自愿、主动地接受和吸收，实现教育主客体的情感双向交流，效果事半功倍。

人们很早以前就认识到美育的教化作用。古希腊柏拉图就认识到了美育能够使人的心灵、情操和道德得到影响和改变，因而提出用音乐和诗歌陶冶人们的情操，以培养其理想的人才。同样，我国古代的教育家孔子，提倡诗、书、礼、乐的教育方式，将其视为道德规范和政治制度。德国著名美学家席勒认为，若要将感性的人变为理性的人，唯一的方法便是先使他成为懂得审美的人。④ 现当代著名教育家蔡元培先生传承了中华传统文化中的礼乐并重的思想，同时也汲取了西

---

① 薛红飞，刘清华．审美教育：思想政治教育的重要视阈［J］．南京政治学院学报，2006（3）．

② 盛妍妍．苏霍姆林斯基的德育思想及其启示［J］．时代经贸，2008（4）．

③ 车尔尼雪夫斯基．生活与美学［M］．周扬，译．北京：人民出版社，1985.

④ 黄德志．美学入门［M］．北京：光明日报出版社，1985：273.

方哲学中的审美教育思想，提出了“以美育代宗教”“以美育陶养人”① 的主张。事实上，古往今来的各种宗教，也经常性地以美的形式服务于宗教教义，各式各样的教派，如基督教、天主教、佛教，其场所本身便是美的存在，华丽壮美的宗教建筑，已经成为了美的象征，美育的教化作用已经得到广泛认同，但体育审美教育的教化作用却还未完全施展开来，甚至还处于起步阶段。不过在平时的体育运动、比赛中，也能体现出体育审美的教化功能，如众所周知的“女排精神”，开始于20世纪80年代的中国女排，不仅体现出我们的民族精神，同时还能凝聚民族力量，提升民族荣誉感，在2016年的里约奥运会中，“女排精神”再次绽放，使亿万中国人凝聚在了一起，共同感受中国女排带给我们的正能量。当前，许多体育教育工作者也都在探索体育审美教育在核心价值观的培育中的特殊作用，有过许多有益的尝试，也收到了一定积极的效果。

第四节 培育审美教育视角下大学生核心价值观培育的路径

当人们谈论到以体育审美教育进行大学生核心价值观培育时，大多数都认为体育只能锻炼身体、增强体魄，何来的培育社会主义核心价值观之说。显然，这种观点把体育审美教育的意义和重要性了解得太过于褊狭，大大降低了体育审美教育所应当具有的影响和实效。而其中最为关键的便是找到体育审美教育与核心价值观教育之间的契合点，通过对大学生核心价值观培育现状的阐析和低效原因的释析，目的就在于探寻体育审美教育视角下大学生核心价值观培育的路径和举措，不断提升大学生核心价值观培育的实效性。

一、深化体育审美教育与大学生核心价值观培育的内涵

（一）大学生核心价值观培育工作中内容美的挖掘

教育内容是受教育者其自身发展所依附的主要部分，也是其展现审美特性的内在维度。挖掘社会主义核心价值观中美的内容的过程也是其理论走向实践的过程。以体育审美教育推进大学生社会主义核心价值观教育，必须深入探讨关于体育审美教育与核心价值观相结合的基本内容，并且需要重视在实践中的养成教育。从广大学生的生活实际出发，以生动地体育审美内容和形象在学生的日常生活和学习中融入社会主义核心价值观，让所有学生都能自觉地欣赏美、认识美、创造美，使社会主义核心价值观教育从高深到易懂，从抽象到具体，在无声中影响大学生，真正做到内化于心、外化于行，最终成为大学生的自觉追求。

大学生核心价值观培育中内容美主要包含两个方面，即“真”和“善”。首

① 蔡元培先生全集［M］. 北京：商务印书馆，1968：20.

先，“真”是核心价值观培育的本质是真理，是真实的，其还内在地包含了教育工作者对学生讲真话、动真情、用真心，也只有这样，才能打动学生，收到良好的教育效果。大学生核心价值观教育中“真”的另一面，是其工作内容是以真实为基础的，在教学过程中必须以客观存在的事实作为依据。例如，在宣传典型人物时，不能对人物加以美化，把本身不具备的优点全部加入其中，使之失去真实性，这样做的结果就是学生对此产生逆反和抵触情绪，不利于核心价值观教育工作的开展。“善”在大学生核心价值观教育中充当了一个支点的作用。善即奉献和利益。具体而言，在高校中开展核心价值观教育需要奉献精神，而学生在实践活动中所想要追求的是自我价值的实现，这就是利益。在这个物欲横流的社会，由物质利益所带来的思想方面的问题日渐突出，高校也毫不例外。而当教育者在运用体育审美教育开展核心价值观教育时，一定得多加注意把奉献和利益两者进行结合。既要使学生能为国家、为社会贡献自己的一分力量，同时还要充分考虑到学生的自身利益，只有这样，才能使体育审美教育发挥其功能，在体育教学和活动中收获好的结果。

（二）大学生核心价值观培育工作中形式美的提升

大学生核心价值观培育的形式，是指与其内容相符合的方式、方法、途径等形式之和。提升核心价值观教育的形式美，能够极为有效地对受教育者产生影响，濡染学生的心理，引发学生的共鸣。“爱美之心，人皆有之。”爱美的心每个人都有，并且是与生俱来的。在推进社会主义核心价值观的过程中应当抓牢人们求美、爱美的心理需要，同时也要注意形式美。一是要做到以生为本。在社会主义核心价值观培育的过程中应充分利用体育审美教育的情感性特征，使大学生的主体性地位得到尊重，多站在学生的角度思考问题，因为只有通情，方能达理。二是创新教育形式。大学生核心价值观培育要根据不同学生的特点采取不同的体育审美教育方式，使社会主义核心价值观真正能够入耳、入心。三是充分利用体育审美教育的娱乐性特征。在大学生核心价值观教育的过程中用寓教于乐和学生喜闻乐见的方式，再结合体育审美教育中多元化和开放性的特点，进行核心价值观教育。众所周知，美的含义不是循规蹈矩、墨守成规的，其会因不同的社会环境而发生不同的变化，因此，大学生核心价值观教育的形式也应当是缤纷多彩的。创新作为美得以延续的源泉，人们只有通过不断地创新教育形式、教育方法，才能使核心价值观变得生动而有效。其实，实践早已证明，简单的说教是枯燥乏味的，当核心价值观的内容与体育审美教育相结合时，就能够焕发勃勃生机，是大学生自愿、自觉地接受核心价值观的教育，达到“水过无痕”的效果。在核心价值观教育或者体育教学中，按照思想与体育艺术的双重标准，给大学生推荐相关的电影、书籍、体育节目等，介绍先进的体育人物，使大学生在道德情感上得到陶染，并能使教育效果具备持久性。

二、深刻认识体育审美教育与社会主义核心价值观

（一）确立良好的体育审美理念以顺应时代发展

理念是指人们历经长时间的躬行实践和理想思考后凝合而成的关于理想追求、思想观念、精神向往及哲学信仰的抽象概念。在某种意义上，人只有拥有理念才有前进的航标，也就是说有了目标和理念才有准绳，方能到达目的地。① 因而，加强大学生核心价值观教育首要的是确立良好的理念，为体育审美教育在核心价值观教育中的位置打下基础。

思想政治教育历来受到党和国家的高度重视，将其置于非常显著的地位，就如同江泽民同志所指出的，思想政治教育在各级各类学校中都应当摆在重要位置，无论何时都不能削弱和放松。② 作为社会主义学校教育中重要组成部分的高校体育审美教育，培养德智体美等全面发展的高等素质优秀人才是其终极目标，而在这一系列的素质当中，“最重要的素质是思想政治素质”。②同样的道理，大学生核心价值观教育也是为实现高校体育审美育人的目标及维持高校体育审美教学准确方向的重要保障，一定要处于十分重要位置，得到人们的足够重视。另一方面，高校中无论是教育者还是受教育者都必须从自身的认识上寻找问题，坚决抛弃片面、歪曲的体育审美观念，从而建立起符合当今时代潮流和顺应时代发展的“大美育”理念。并且，这一大美育理念必须符合马克思所指出的“人同样也是依照美的规定来建造”的人类实践活动原则，也要符合当前大学生核心价值观教育中育人目标的体育审美教育理念。这种理念是对于人类的进一步发展具有终极意义的现代美育理念和科学美育观念。③ 高校在运用体育审美教育开展大学生核心价值观教育时，应当坚决树立“大美育”的思想观念，其不仅是要求人们重视艺术审美、自然审美，而且还包含了体育审美等审美素质的全面发展。

（二）建立体育审美教育制度体系以促进大学生核心价值观培育

大学生体育审美教育运行机制的形成和建立，必须是各方面共同作用的结果，这不但要求高校内部各层级的管理体制权责明确，分工合理，而且还需使校内校外形成合力。第一，以新型大学生体育审美教育制度建设保障和促进高校教育的发展，并切实加强由“大美育”理念的革新所带来的新时期体育审美制度建设。而大学生体育审美教育的保障，必须通过立法来实现，制定相关的法律法

---

① 程建平．德育理念论［J］．开封大学学报，2004（2）．

② 解放军报，1996-6-16．

③ 檀传宝．美育三议题［J］．江西教育科研，1997（5）．

规促进高校教育在法治的轨道内运行。第二，高校各部门及思想政治教育工作者必须加强合作，形成浓郁的体育审美教育的氛围。高校作为体育审美教育实施的最重要的途径和阵地，肩负着培养高素质人才的重任。而想要完成体育审美教育在大学生核心价值观培育中的育人任务，高校的教育工作者必须充分认识到体育审美教育的重要性，加强合作与引导，统一战线，各相关部门通力配合，共管齐抓，同时加大宣传力度，以校园良性舆论引导大学生接受核心价值观教育。并且，学校还应当建立一整套完整的体育审美教育工作体制，由校长带头成立一个体育审美教育工作的委员会，加强对这方面工作的监督和决策。第三，家庭和社会必须与学校相互配合，形成一个统一的有机体。毋庸置疑，学校是完成体育审美教育的好的场所，但要真正搞好体育审美教育，不单单是学校一方的责任，更需要家庭及社会的配合，齐心协力，形成体育审美教育的合力。总之，体育审美教育与社会主义核心价值观教育不能相互替换，其各自的又是特征应在实践过程中得以凸显，形成良性互补。一方面，在开展核心价值观教育的过程中可以相应地添入体育审美教育的元素和手段，以调动大学生的学习积极性和热情，培养其体育审美能力。另一方面，在体育审美教育的过程中也可以切合时宜地进行大学生核心价值观教育，如从体育审美教育的内容中挑选出其中与之相关的部分，让大学生在审美的同时学会在具体的生活实践中懂得法治、自由、平等、公正、诚信等规范的应用。

三、有效创新高校体育审美教育与大学生核心价值观培育方法

（一）理论教育与实践锻炼相结合的方法

人的道德品质的形成，要经历五个步骤，即从认知、情感、意志、行为，一直到行为习惯的整个过程。从中也不难看出，人的思想品德认知与品德行为具有直接的联系，因为有什么样的认知就会表现出什么样的行为，即所谓的知行合一。知行合一是大学生核心价值观教育的基础，也是核心价值观教育必须坚持的准则。而理论教育与实践锻炼二者正好与认知与行为相符，要求我们既要注重大学生认知水平的提高，又需对其道德行为进行规约。因而，一方面教育者不能仅仅是停留在课堂知识的灌输上，还应当引导大学生去践行社会主义核心价值观；另一方面，不能因为有了实践活动而忽视了理论学习，而应该在活动中加强理论知识的教育，让大学生明白这样做的目的。由于体育活动本身就具备很强的实践性，高校体育审美教育中的核心价值观教育更应当注重理论教育，以提升大学生的道德认知水平。

在教育活动中，主体如果脱离了社会是不可能继续存在的，主体核心价值观的形成都是在先接纳原有的核心价值观的基础之上，通过个体的社会实践后使自身的价值观逐步形成。在实践过程中，实践载体和实践过程将决定所形成的核心

价值观的样式。因此，在实践中进行理论教育至关重要。实践作为改造主观世界和客观世界的过程，具有很强的主导性。作为大学生理想联系现实、理论联系实际的重要纽带，实践是人的思想形成与发展的基础及检验理论是否正确的标准，也是核心价值观教育培养大学生主体性的有效路径，同时也是教育主体各方面素质提升的主要渠道和根本途径①。价值观念本身并不能使什么事情成为现实，但是为了实现这一理想，就需要人们在实践中不断磨炼，依靠自身的力量使理想成为现实。

（二）构设教育主体之间互动模式的方法

教育过程中的“双主体说”，并不是字面意思所表现出来的两种关系对立排斥的，而恰恰相反，二者的关系是相互依存、相互倚靠。教学中，以教育者为主体的教和以受教育者为主体的学，两者具有互动、协调与统一的特性。在此互动过程中，教师必须转变教学观念，以民主平等作为其教育理念，需要尊重学生的主体性地位，强调师生之间的互动关系。其实，民主平等也是一种美的体现，因其所展现出的是教育双方在人格行为上的相互理解与尊重，而在这双向沟通的过程中美就应运而生。存在于主客体之间的沟通与交流绝不仅仅是指口头语言和肢体语言等的互动，而更深层次的目的在于人格魅力的相互感染及情感上的互动。高校大学生核心价值观教育工作者应当充分利用美的形象性特征，以生动、真实、具体、形象的事物，无形中增强学生的情感体验，影响学生的思想和行为。根据教育主体之间的关系，唯有加强主体间互动的有效性和最优性，方能达到教学目标、而作为思想政治理论工作者，首先应当遵从“以生为本”的教育理念和原则，研究受教育个体的特征和具体需要，在尊重受教育者的基础上对其有一个全面客观的认识，同时重视理论本身所具有的实践说服力，以及理论知识在实践中的可操作性，从而灵活地选择和创造出多种多样的教育方法和途径。我们也应当认识到，教育主体双方都是具有自身人格和主观世界的，因此就需要在教育教学过程中双方能够尊重彼此。但其中最为关键的还在于教育者对受教育者的引导和启发，不断反思自己的教学行为方式，并能够指引受教育者有独立明便十分的能力。

四、积极建设美的校园文化

（一）构建良好的校园物质文化

校园物质文化指大学校园内对学生学习和生活产生影响的一切物质因素之和。校园物质环境的好与坏对大学生核心价值观教育关系密切，而美好的物质

① 张彦．思想政治教育主体性研究［M］．广州：广东人民出版社，2006：2.

环境对大学生有着潜移默化的影响，容易引发大学生的情感共鸣及审美观念的变化促进大学生核心价值观教育的有效开展。“环境育人，空间育人”① 这一育人理念已得到教育界的广泛认可，充分发掘校园中的育人资源、美化育人环境是体育审美教育的重要途径。高校应当在整体考虑和综合布局的基础上建设校园硬件设施，以构建优美、自然、和谐的文化气氛为主要目标。其一是校园中的标志性建筑，其二是校刊、校报、校园广播站、宣传栏等传播媒介的创设，学校应充分利用这些传播媒介营造积极健康的校园文化，促进大学生核心价值观教育。而学校环境的文化场地布置应以素雅恬静、严谨治学为主旋律。具体而言，主要有两个方面：一要为大学生创设良好的学习氛围，不管是教室、实验室、图书馆、体育馆，都要突出“整”“洁”“雅”“静”，给人以美的感受。② 其中，教学楼的设计要综合考虑审美性和实用性两大特征，图书馆的设计要本着有利于大学生学习、有利于大学生情操的陶冶、有利于大学生健全人格的塑造等，并且要体现出人与自然和谐统一的设计理念。二是重视大学生的生活环境建设，其同样是高校文化建设的重要载体，能在潜移默化中进行思想道德的渗透和感染，在无声无息中提升大学生的审美素质。因此，学生日常生活中的生活环境的文化品位需进一步提高，更加注重细节，如在体育馆中摆放一个干净整洁、归置到位的垃圾箱，在体育竞技中更多的人性化设置，都能给大学生以无形的道德感染。大学生对校园物质文化的审美过程，也是其思想境界升华的过程。

（二）创设积极的校园精神文化

校园精神文化作为校园软实力的重要组成部分，能够直观地展现出高校的办学理念及办学特色，其在高校的竞争中一直处于最核心与关键的部分，且高校教师、大学生及高校工作人员的素质也能反映出高校的精神文化。由中共中央国务院颁发的《关于进一步加强和改进大学生思想政治教育的意见》中指出：“校园文化具有重要的育人功能，要大力加强大学生文化素质教育，开展丰富多彩、积极向上的学术、科技、体育、艺术和娱乐活动，把德育与智育、体育、美育有机结合起来，寓教育于文化活动之中。”③ 其中，就把体育和美育明确地提出来了，校园内以体育和艺术为载体，借以展开的各类精神文化活动，能够实现精神文化对大学生的激励作用。马克思在其著作中指出，需要是人的天性，由于人类社会发展的自然规律，一旦某一方面的需要得到满足，而新的更高层次的需要便会被

① 余仰涛．论思想政治工作环境的作用力［J］．人大复印资料，2001（9）．

② 张绍平，田华．美学视野下的高校思想政治教育新探［J］．天府新论，2008（4）．

③ 中共中央国务院发出《关于进一步加强和改进大学生思想政治教育的意见》［N］．人民日报，2004-10-15.

创造出来。[1] 意思就是，人在物欲得以满足的情况之下，还将产生更高层次的精神需要。马克思还通过引用孟德维尔的一句话来进行论证，“知识会使我们产生更多、更大的愿望，而人的愿望越少，他的需要也就越容易满足。”[2] 这句话告诉我们，人的精神需要与其知识的渊博程度是成正比的。高校大学生已经有了较为优化的知识结构和一定的文化背景，就更加容易产生出更多精神层次上的需求。校园中的精神文化建设，如校风、学风、班风等，正是满足大学生精神需要的主要载体。精神美是人们追求的审美理想及共同目标，也是体育审美教育中的重要内容，它是后天形成的、可以塑造和培养的。大学生核心价值观教育也是一个审美过程的体现，还是实现人的全面发展的重要诉求。

五、提高大学教育工作者的体育审美素质

（一）加强大学教育工作者人格魅力修养，升华人格美

人格是指人在一定的社会实践过程中所形成的个人心理及行为特征，主要包含智慧、道德、心理、政治等方面，其受到价值观念、文化传统、意识形态等主客观因素的影响和约束。高校教育工作者的人格魅力的内容是高尚的道德品质、渊博的理论学识、丰富的情感因素等方面。其通过身体力行、言传身教、以身作则等方式对大学生形成特定的影响力，此种影响力是顺其自然、无拘无束的，其所产生的持久而且强大的感染力与聚合力是其他任何强制性规约所不能替代的，也是无法比拟的，是以隐性的方式对大学生产生更为持久、广泛和深入的影响。因而，教育者必须不断提升自我，如理论素养、专业知识，而作为思想政治教育工作者更应当运用马克思主义的理论观点分析和解决问题。

教师的人格美在传承和延续中继续发挥其功效，其内容主要包括品德美和学识美。首先，品德美是指教育者自身具有的品行道德，是教育者人格美的核心因素。高校思想政治理论工作者的职责在于培养和塑造大学生的心灵和品德，其自身必须具备高尚的品行素养，能够对自己严格要求，行为端正，拥有“蜡炬成灰泪始干”的无私奉献的精神。“学高为师，德高为范”，教育者应当以自己平日中的言行举止教育和影响学生，引导学生在体育审美过程中同样追求道德素质的提升，能够始终以真善美为自己的评判标准。其次，学识美指的是教师要具有专业知识和科学文化等学识。教师必须利用各种机会不断学习本专业知识以及其他领域的知识，因为只有这样，才能准确地领会先进的思想理念、科学理论的内容实质，在教育的过程中不会造成断章取义的现象出现。大学生正处于青春期向青年期的过渡阶段，其具有很强的模仿和学习能力，通过借鉴和效仿等方式方法，

---

① 马克思恩格斯全集（第47卷）［M］. 北京：人民出版社，1979：260.

② 马克思恩格斯全集（第23卷）［M］. 北京：人民出版社，1979：675.

不断突破自我。卢梭有言："在敢于担负培养一个人的责任之前，自己就必须是一个值得学习和崇敬的楷模。"① 高校核心价值观教育者应当对此有深刻认识，自身的道德行为和表现无论何时何地对学生的影响都是深远且持久的。

（二）培养大学教育工作者的体育审美行为，实现行为美

行为美是人通过社会实践活动中的各种所作所为表现出来的美。其实，教育者所具有的美，主要是内在美与外在美的统一，其中内在美就是人格美，外在美即行为美。这就要求教育者要"诚于中而行于外，慧于心而秀于言"，始终保持美的心灵与美的言行举止连结成一个有机的统一体，并在教育教学活动中充分展露出自身美的一面。古语有云："其身正，不令而行；其身不正，虽令不从"②。将这句话用到思想政治教育工作当中，就是在正确的动机之下，教师应当以身作则，言传身教，通过自己的美的行为使学生也能够效仿，从而在整体上达到美的目标。在体育审美教育和核心价值观教育中，大学生不但会听老师在说什么，而更多的是看老师在做什么。核心价值观教育工作者只有通过榜样示范，敢为人先，用自己的实际行动影响学生的行为举止，尽量使自己成为学生心目中想要模仿的榜样，引导学生追求行为美。同时，对于教育工作者而言，在教学过程中的教学仪态，如衣着服饰、举止言行等表现在外面的直观要素，对学生有直接影响。也正因为如此，教师和学生之间的关系除了是教育者与受教育者之外，还有一种审美对象与审美主体的浑然天成的关系。教育者美的教学仪态首先表现为其在课堂教学过程中外表散发出的静态美及言行举止表现出的动态美。穿着发式必须符合教师这一职业的特征，整洁、自然、大方、得体的同时流露出积极向上的气质涵养。通过教师的仪态和举止，如一个眼神、一个表情、一个手势，其中所传递的信息对学生都有着很强的感染力，可以增强教学效果。与此同时，当教师走上讲台的那一刻，必须使自己的情绪平静，不把课外的情绪带到课堂上来，以饱满、乐观、积极、向上的态度濡染学生，使课堂气氛活跃、生动。

（三）增强大学教育工作者的体育审美才能，塑造才能美

高校教育工作者一方面必须要学识广博，具备相应的理论知识和与之相关的其他学科中的知识，另一方面还应当以理论联系实际，做好转换工作，将丰富的学识应用于实际的学习和工作之中，真正做到学以致用，这样才能够使学生心悦诚服，对教师更添信任和崇拜之情。

大学教育工作者的能力主要表现为四个方面：拓展能力、运用能力、实践能力、创新能力。首先，拓展能力指大学生核心价值观教育和体育审美教育工作者

---

① 王爱政．浅谈新时期高校师德建设［J］．商场现代化（学术版），2005（4）．

② 孔子．论语·子路［M］．北京：人民日报出版社，2009：86.

不但要潜心于学生目前的心理变化和思想状态，还应当专注于学生未来的心理发展趋势及思想发展状态。其次，运用能力是指教育工作者应具备相应的教育学和心理学知识，在学生的实际生活中遇到问题时能够运用这些知识帮助他们解决困难和问题。并在体育审美教育过程中开展核心价值观教育时，能够有效、准确地将自身所学知识传授给大学生，且能让其欣然接受，这也是运用能力的体现。再次，实践能力是指大学教育工作者在日常的工作实践和体育审美教育中能综合运用各种途径和方式，创设教学情境以开展大学生核心价值观教育。同时，教育工作者们还必须有较强的调查研究能力，学会在复杂多变的社会中了解、调查、剖析事物，从而做出正确的判断。在实际工作过程中，作为马克思主义理论学科的教师更应以马克思主义的基本原理解决实际中的问题。最后，创新能力是指教师通过运用各种各样的方式技巧在教学活动中创新性地解决一系列问题所展现出来的能力。体育审美教学中所进行的核心价值观教育工作是需要以客观的政治、经济、文化等为基础并依据教育对象的思想特点的变化而变化所进行的一项工作，其时代感较强，应做到与时俱进。同时，也正因为这种时代性的特征，教育者的随机应变能力和主观能动性能得到充分发挥。在体育审美教育过程中，跟着时代发展的潮流，帮助和引导学生树立正确的价值观念，培养其坚定的理想信念，使其拥有自信、自尊、自立、自强的爱国情感和时代精神。

参考文献

[1] 马克思恩格斯选集（1-4卷）[M]. 北京：人民出版社，2012.

[2] 列宁选集（1-4卷）[M]. 北京：人民出版社，1972.

[3] 毛泽东选集（1-4卷）[M]. 北京：人民出版社，1991.

[4] 邓小平文选（1-3卷）[M]. 北京：人民出版社，1993.

[5] 门罗·C·比厄斯利. 西方美学简史 [M]. 北京：北京大学出版社，2006.

[6] 侯长林. 校园文化略论 [M]. 贵阳：贵州教育出版社，1991.

[7] 亚里士多德. 尼各马克伦理学 [M]. 北京：商务印书馆，2003.

[8] 蒋经国. 建设新赣南 [M]. 赣州：新赣南出版社，1940.

[9] 陶涵. 蒋经国大传 [M]. 贵阳：贵州人民出版社，2001.

[10] 卢元镇. 中国体育文化纵横谈 [M]. 北京：北京体育出版社，2005.

[11] 曾景忠，蒋玉璞. 蒋经国自述 [M]. 长沙：湖南人民出版社，1988.

[12] 孔多塞. 人类精神进步史纲要 [M]. 南京：江苏教育出版社，2006.

[13] 胡小明. 体育美学 [M]. 成都：四川教育出版社，1987.

[14] 黄捷荣. 体育美学教程 [M]. 广州：广东人民出版社，1989.

[15] 金大陆. 体育美学 [M]. 北京：中国青年出版社，1990.

[16] 刘慕梧. 体育美学 [M]. 北京：科学普及出版社，1992.

[17] 潘靖五. 体育美学与哲学 [M]. 北京：北京体育大学出版社，1993.

[18] 刘慕梧. 体育美学研究与应用 [M]. 北京：北京体育大学出版社，1993.

[19] 李金康. 当代体育美学 [M]. 武汉：武汉工业大学出版社，1996.

[20] 雷国梁. 体育美学教程 [M]. 北京：中国文联出版社，1999.

[21] 兰久富. 社会转型时期的价值观念 [M]. 北京：北京师范大学出版社，1999.

[22] 石书臣. 现代核心价值观主导性研究 [M]. 上海：学林出版社，2004.

[23] 周中之，等. 社会主义核心价值体系教育探索 [M]. 上海：上海人民出版社，2007.

[24] 张耀灿，陈万柏. 核心价值观学原理 [M]. 北京：高等教育出版社，2001.

[25] 黄希庭，郑涌. 当代中国青年价值观研究 [M]. 北京：人民教育出版社，2005.

[26] 石云霞. 当代中国价值观论纲 [M]. 武汉：武汉大学出版社，1996.

[27] 陈章龙，周莉. 价值观研究 [M]. 南京：南京师范大学出版社，2004.

[28] 张进辅，等. 青少年价值观的特点：构想与分析 [M]. 北京：新华出版社，2006.

[29] 欧阳斌，张建中. 体育文化学 [M]. 北京：科学出版社，2013.

[30] 李建国，等. 社会体育 [M]. 北京：人民体育出版社，2004.

[31] 林伯原，谷世权. 中国体育史 [M]. 北京：北京体育学院出版社，1989.

[32] 谭元亨. 客家文化史 [M]. 广州：华南理工大学出版社，2009，8：187.

[33] 陶立璠. 民俗学概论 [M]. 北京：中央民族出版社，1994：11.

[34] 于德珍. 湘西民俗文化旅游开发的研究 [D]. 长沙：中南林业科技大学，2002.

[35] 李鸿鹄. 民国时期中共革命根据地的群众性体育活动研究（1931-1945）[D]. 长春：东北师范大学，2008.

[36] 胡达道. 井冈山军事体育研究（1927-1930）[D]. 福州：福建师范大学，2012.

[37] 王伟．抗日战争时期陕甘宁边区的青年教育研究［D］．重庆：西南大学，2013.

[38] 马敬．抗战时期根据地与国统区体育发展状况比较研究［D］．北京：首都体育学院，2014.

[39] 贾致国．延安根据地时期女子体育开展状况研究［D］．西安：西安体育学院，2013.

[40] 梁栋．论民国时期体育军事化思想［D］．呼和浩特：内蒙古师范大学，2013.

[41] 夏源江．抗战体育文化及其特征解析［D］．桂林：广西师范大学，2011.

[42] 周宇．沈阳市高职院校阳光体育开展的现状调查与对策研究［D］．大连：辽宁师范大学，2012.

[43] 吉喆．当代大学生核心价值观的构建与培育研究［D］．青岛：青岛理工大学，2013.

[44] 葛瑶．广州高校大学生核心价值观调查研究［D］．广州：华南理工大学，2013.

[45] 王晓宏．当代大学生核心价值观培育研究［D］．太原：太原理工大学，2015.

[46] 杨志臣．大学生核心价值观教育研究［D］．大连：大连理工大学，2010.

[47] 贾晓斌．当代军校大学生核心价值观培育研究［D］．长沙：湖南师范大学，2012.

[48] 王丽丽．社会主义核心价值体系与大学生核心价值观构建研究［D］．长春：东北师范大学，2013.

[49] 韩丽颖．当代大学生核心价值观研究［D］．长春：东北师范大学，2012.

[50] 孙建青．当代中国大学生核心价值观教育问题研究［D］．济南：山东大学，2014.

[51] 游青明．改革开放以来大学生核心价值观教育研究［D］．贵阳：贵州师范大学，2014.

[52] 寇译文．多元文化视阈下大学生核心价值观教育研究［D］．大庆：东北石油大学，2013.

[53] 王娜．非物质文化遗产视域下赣南客家民俗体育的研究［D］．南昌：南昌大学，2014.

[54] 兰玉珊．赣南客家民俗体育项目采茶舞的形成、演进与发展研究［D］．昆明：云南师范大学，2015.

[55] 刘云伟．赣南苏区城镇居民休闲体育的开展现状与对策研究［D］．南昌：江西师范大学，2015.

[56] 江雪英．民俗文化对赣南客家人养生健身意识与行为影响的调查研究［D］．南昌：江西师范大学，2008.

[57] 陈海琼．赣南客家舞狮的历史变迁与传承发展［D］．赣州：赣南师范大学，2015.

[58] 王美芝．赣南客家节庆民俗体育活动的调查研究——以龙南杨村客家“池塘龙舟赛”为个案分析［D］．赣州：赣南师范大学，2014.

[59] 张玉菊．赣南客家民俗体育活动的调查研究——以南康客家“鲤鱼灯”为个案分析［D］．赣州：赣南师范大学，2013.

[60] 廖振威．民间故事、族群认同与民俗体育传承——以赣南客家舞火龙为例［D］．宁波：宁波大学，2015.

[61] 桢建敏．客家民俗体育与农村小学生体育学习兴趣关系的研究——以赣南农村小学为例［D］．赣州：赣南师范大学，2012.

[62] 胡小明．体育人类学方法论［J］．体育科学，2013，33（11）：3-16.

[63] 史进，刘晓莉，于学岭，等．红色体育研究［J］．体育文化导刊，2011（12）：138-140.

[64] 常保荣，牛秀燕．新时期“红色体育运动会”的概念价值及意义［J］．陕西教育：高

教，2011（Z1）：96.
[65] 崔乐泉，李剑中．中央苏区体育运动的兴起及其发展［J］．体育文化导刊，2005（7）：71-74.
[66] 胡小明．论中华体育精神的重构［J］．武汉体育学院学报，2009，43（3）：5-8.
[67] 党挺，虞重干．近60年我国红色体育研究评析［J］．上海体育学院学报，2010，34（4）：21-24.
[68] 郝勤．论中国特色体育发展道路的历程、内涵及基本经验［J］．体育科学，2009，29（10）：3-8.
[69] 郑彩壮，郑胜．中央苏区赤色体育的特点及其现实意义［J］．湖南医科大学学报：社会科学版，2008，10（2）：236-237.
[70] 曾飙．再论苏区体育工作方针——兼评苏区体育精神［J］．体育文化导刊，2007（12）：86-87.
[71] 秦婕．基于政策视角下的青少年体质健康促进研究［J］．西安体育学院学报，2015（1）．
[72] 王爱华，李艳．红色资源的时代价值与教育功能［J］．学校党建与思想教育，2014（4）：15-17.
[73] 王敬．红色资源再开发与高校社会主义核心价值观教育实效性研究［J］．中国成人教育，2014（1）：14.
[74] 吴玉华，宁亮生，邱诗咏，刘岚．客家村落民俗体育文化活动研究——以宁都曾坊村"桥帮灯"为例［J］．农业考古，2010，1：179-183.
[75] 吴玉华，黄亮．客家南安"罗汉舞"民俗传统体育文化活动研究［J］．农业考古，2012，1：145-148.
[76] 吴玉华．赣闽粤客家"打龙灯舞狮子"与民俗体育文化［J］．体育研究与教育，2006，21（3）：51-53.
[77] 谭东辉，刘志民．赣南客家民俗体育文化的社会功能及其价值的研究——上犹县营前镇"九狮拜象"田野调查［J］．南京体育学院学报（社会科学版），2010，2：70-72.
[78] 涂传飞．一个村落舞龙活动的变迁［J］．体育科学，2010，7：12-15.
[79] 郎勇春，周美芳，程其练，等．江西民俗体育文化的现代流变——以江西永新盾牌舞为例［J］．体育学刊，12：96-100.
[80] Smith，Robert. The Art of the Festival：As Exemplified by the Fiesta to the Patroness of Otuzco：La Virgendela Puerta［J］. American Anthropologist，1979，81（1）：170-171.
[81] Vijayendra Rao. Celebrations as Social Investments：Festival Expenditures，Unit Price Variation and Social Status in RuralIndia［J］. Journal of Development Studies，2001，38（1）：71-97.
[82] 陈红新，刘小平．也谈民间体育/民族体育/传统体育/民俗体育概念及其关系——兼与涂传飞等同志商榷［J］．体育学刊，2008，4：8-11.
[83] 涂传飞，余万予，钞群英．对民俗体育特征的研究［J］．武汉体育学院学报，2005，11：6-9.
[84] 客家足迹行［EB/OL］. http：//news. cntv. cn/special/kjzjx/.
[85] 高波．傩舞的历史演变及文化内涵［J］．兰台世界旬刊，2009，290（10）：67.

[86] 蔡勤禹．明清时期民间宗教等级制度评析［J］．青岛大学师范学院学报，1999，2：7.
[87] 许红霞．当代大学生共同理想信仰现状研究［D］．济南：山东师范大学，2012.
[88] 杨振华．论孝在家庭美德建设中的价值［J］．运城学院学报，2009，3：66.
[89] 王琳．中国传统孝道及其现代价值研究［D］．北京：北京交通大学，2009.
[90] 张兴奇．黔南民俗体育文化心态及特征［J］．军事体育学报，2012（4）．
[91] 郭静林．当代大学生生命价值观现状与道德教育［D］．福州：福建师范大学，2006.
[92] 吴瑾菁．论“道德”——道德概念与定义思路［J］．江西师范大学学报（哲学社会科学版），2011，44（1）：36-42.
[93] 吕利平，郭成杰．从体育考古看我国古代民俗体育文化特征［J］．成都体育学院学报，2000，4.
[94] 吴玉华，任海．赣南客家村落传统体育的结构与功能研究［J］．南京体育学院学报（社会科学版），2009，2：42-45.
[95] 杨艳红．近几年我国客家体育研究现状评析［J］．赣南师范学院学报，2009，6：23-25.
[96] 龚建林，陈琦．客家文化区域的休闲体育文化特色初探［J］．广州体育学院学报，2008，3：48-51.
[97] 谭东辉．对赣南客家民俗体育文化的社会功能及其价值的研究［J］．江西理工大学学报，2010，2：7-10.
[98] 张苓．道德的起源：经验与超验的两种维度［J］．社会科学辑刊，2012，4：30-33.
[99] 龚建林．客家文化区域的休闲体育文化特色初探［J］．广州体育学院学报，2008，3：12-15.
[100] 吴玉华．赣南客家节庆民俗体育及其文化特征［J］．赣南师范学院学报，2011，3：33-36.
[101] 亓璇璇．隐喻与功能：文化人类学视野下的客家民俗体育［J］．学理论，2012，31：40-43.
[102] 翁利．中国傩面具的发展和艺术表现形式［D］．南京：东南大学，2008.
[103] 涂传飞．对民俗体育特征的研究［J］．武汉体育学院学报．2005，11：6-9.
[104] 宋德剑．岭南婚嫁习俗中槟榔的文化解读——以粤东客家地区为中心［J］．汕头大学学报（人文社会科学版），2010，2：21-24.
[105] 许晓容．客家民俗体育活动的成因与功能：体育人类学的视野——以舞火龙为例［J］．体育与科学，2010，9：25-28.
[106] 邹春生．儒家孝悌文化在客家地区的传播和影响——以明清时期赣闽粤边区“五世同堂”现象为例［J］．赣南师范学院学报，2011，5：30-33.
[107] 温艳蓉．闽西客家民俗体育非物质文化遗产的传承模式——以连城姑田游大龙的考察为例［J］．搏击·武术科学，2013，1：38-40.
[108] 刘丽川．论客家民间多神信仰及其文化源头［J］．中山大学学报（社会科学版），2002，2：36-39.
[109] 张兴奇．黔南民俗体育文化心态及特征［J］．军事体育学报，2012，4：22-25.
[110] 郭静林．当代大学生生命价值观现状与道德教育［D］．福州：福建师范大学，2006.

[111] 王昆仑．当代大学生生命道德观的特点与发展趋向［J］．学理论，2010，3：45-48.

[112] 黄慕慈．加强高校生命化道德教育［J］．经济研究导刊，2009，4：36-39.

[113] 王慧敏．生命道德教育：高校道德教育的重要纬度［J］．教育探索，2012，4：30-35.

[114] 刘彭恺．高校生态道德教育模式研究［J］．西安科技大学，2007，2：24-33.

[115] 高健．生态文明视域下大学生生态道德养成教育研究［D］．南京：南京林业大学，2009.

[116] 高巍翔，方虹力．凝练大学生核心价值观：培育和践行社会主义核心价值观的有效途径［J］．学校党建与思想教育，2013（10）：11-12.

[117] 潘清．大学生核心价值观培育原则探析［J］．思想理论教育，2013（13）：89-91.

[118] 宋丽娜．中美大学生核心价值观教育的比较与启示［J］．重庆第二师范学院学报，2013，26（1）：123-125.

[119] 王洁．当代大学生核心价值观与价值取向辨析［J］．思想理论教育，2014（1）：104-107.

[120] 孙建青，周向军．当代大学生核心价值观的科学构建［J］．思想理论教育导刊，2014（3）：100-104.

[121] 廖小琴，沈银平．大学生核心价值观凝练的原则和方法［J］．广西教育学院学报，2014（2）：88-92.

[122] 徐愫芬，韩延明．校训文化：培育大学生核心价值观的精神宝藏［J］．山东高等教育，2014（10）：39-46.

[123] 郭洪生．区域文化视角下大学生核心价值观培育问题研究［J］．河北农业大学学报（农林教育版），2014，16（5）.

[124] 邱柏生．大学生核心价值观凝练的方法论思考［J］．思想理论教育，2012（11）：8-13.

[125] 于俊如，许岩．论当代大学生核心价值观的凝练［J］．思想理论教育，2012（11）：14-18.

[126] 韩丽颖，杨晓慧．当代大学生核心价值观的凝练［J］．思想教育研究，2012（11）：71-74.

[127] 蒋文程．浅谈当代大学生核心价值观的建设［J］．学园，2012（23）：35-37.

[128] 樊泓池，王贵新，樊磊．多元化社会分层视域下的中国当代大学价值观的整合与重构研究［J］．东北师大学报（哲学社会科学版），2011（3）：25-29.

[129] 焦翠丽．构建高校大学生核心价值观的有效途径［J］．世界教育信息，2008（10）：76-79.

[130] 杨业华，湛利华．大学生核心价值观的内涵及研究意义探析［J］．思想教育研究，2013（4）：31-35.

[131] 邓福蓉．“中国梦”视域下大学生核心价值观教育重点及方法创新［J］．学校党建与思想教育，2013（12）：83-85.

[132] 吕云超．论社会思潮对大学生核心价值观形成的影响［J］．思想理论教育导刊，2015（5）：95-97.

[133] 方季红．红色文化引领下的大学生核心价值观培育与践行［J］．教育探索，2015（5）：108-110.

[134] 陈永辉．“美丽中国”视域下民族传统体育生态文明与建设研究［J］．武汉体育学院学

报，2013，47（9）：41-45.
[135] 易红梅．如何引导大学生欣赏体育美［J］. 福建体育科技，1999（1）：22-23.
[136] 姜华．培养大学生的体育美［J］. 辽宁体育科技，2001，23（5）：101-102.
[137] 郭美丽，白为人，杨英，等．对提高大学生体育审美素养的分析与研究［J］. 思茅师范高等专科学校学报，2009，25（3）：97-100.
[138] 彭丰，倪双琴．电视体育节目对大学生体育教学作用的研究［J］. 电影文学，2009（18）：146-147.
[139] 梁春．论新时期高校的体育审美教育［J］. 科技视界，2013（7）：17，29.
[140] 岳艳丽．梅州客家传统体育分析［J］. 体育文化导刊，2009，5：27-29.

后　记

文化是人类长期生活遗留下来的一种生活习性和文化灵魂，是人类生活特征的体现。那么，一方水土养一方人，一方人孕育这一方文化的发展。赣南，自然是指江西南部的诸多市县，素称赣之南大门。最早以赣名地设县的人是秦始皇，他在六国统一后，公元前221推行郡县制，在赣南设南埜（野）县，距今已2239年了。谢万陆在《千年风流》写到，1954年5月25日成立的赣南行政公署与海南一样，成为全国最大的地厅级听证机构。正确来说，赣之所以为赣，是因为以人名地，又以地名水，再以水名省。主要起决定性作用的是最早生息于这里的当地居民之性状与地位。这也算是一种“人的因素第一”吧。赣南文化的发展历程注入了许多新民族优秀文化，例如主要由中原客家南迁而引进的新文化元素与赣南文化相结合，形成了丰富多彩的赣南客家文化，又如梯田、采茶戏、山歌、剪纸与纸扎艺术等特色文化。

体育文化最早是人类活动的文化形式，后来逐渐形成的娱乐行为活动演变成为了趣味体育、竞技体育，并且形成有特色的地方体育文化。那么，赣南地区的体育文化主要由赣南文化与客家文化结合而形成赣南客家体育文化。赣南是客家民系中最早的聚居地，这一正确结论已由许多客家研究学者论定，如赖启华主编的《早期客家摇篮——宁都》和刘思庭主编的《石壁与客家》中已足够说明赣南是客家人的发祥祖地。由此可以推断，赣南的客家体育文化具有典型性和代表性。也就是说，在赣南完全可以品尝到客家体育文化的原汁原味，客家体育文化的根就在赣南。中央革命根据地简称中央苏区，是中国土地革命战争时期由毛泽东、朱德等同志创建的全国最大的革命根据地。它的斗争历史，在中国共产党和中国革命历史中，占有十分重要的地位。当时以瑞金为中心，包括赣南11座县城，即赣南的瑞金、兴国、宁都、于都、安远、寻乌、会昌、石城、永丰、广昌、黎川，闽西的长汀、宁化、清流、归化、建宁、泰宁、上杭、龙岩、永定、连城等。这些县城都是客家人的聚集地，46%以上均为客家人。也就是说，中央苏区区域是客家人居住的大本营，客家体育与苏区体育休戚相关，本为一体。

客家风俗孕育着客家体育，客家体育滋润与丰富了苏区体育文化，它为苏区体育文化的发展作出了积极贡献。近半个多世纪以来，客家学的中外研究较多关注于客家的历史文化、宗教、礼仪、教育、文艺、围屋、山歌、祠堂风情等，可谓之成果累累。但是，有关客家的体育文化研究甚少，几乎未见到。本书不称呼“客家体育与苏区体育”，而称呼“客家风俗与客家体育”，乃突出“风俗”与“体育”之间的密切关系，更能体现笔者的意愿。妥否，以拙文求教于诸学界同仁。赣南位于武夷山脉的中段，这里群山峻岭，交通不便。客家先辈处于一种相对与世隔绝的状态之中。经过千百年繁衍生息，客家民系遂在这些特定的社会环境与自然环境中演化与发展，形成了客家人特有民风、民俗，如客家文化教育、客家宗教信仰、客家生活习惯等，同时也形成了自己特有的客家体育。

体育文化是我国民族传统文化中的一件瑰宝，具有活跃现代社会文化生活、丰富体育文化内涵、促进人们的精神生活和健康状况的提高等作用。体育文化的强大对于中国的重要意义不仅体现在体育产业的经济前景上，还将关系到整个国家和民族参与世界强国竞争的软实力。首先，赣南客家体育文化作为我国传统文化的一部分，客家先民在长期的历史发展中，融合和同化了一些土著少数民族，同时将其风俗吸收、融合于自己的风俗之中，是赣南客家先民智慧的结晶与文化的集成，是一种具有深刻文化内涵与广泛文化外延的文化生产力。

其次，它是赣南地区的一个重要文化遗产，具有地方文化的特色和代表，保护和弘扬客家文化可以对客家文化历史、客家民系的研究提供较好的生活素材和历史素材，研究赣南体育文化对社会、地方的发展有一定的价值，为体育事业增砖添瓦，丰富了地方体育文化的发展。同时，对加强赣南地区乃至全国的精神文明建设，丰富人民群众的文化生活，建设社会主义和谐社会都将产生重要的促进作用。

客家民俗体育由于和生产劳动、生存活动密切相关，所以在活动方式上，取法自然，赣南人民通过参与各种体育活动，不仅强健了体魄，还让身心得到愉悦和满足。从1985年至今连年下降的学生体质让我们感到担忧，站在未来看现在，将来的合格建设者和接班人就是现在的青少年，青少年的健康问题也关系着这个民族是否能够保持旺盛的生命力，从这个意义上讲，中华民族的复兴首先是民族体质的复兴，体质健康在民族复兴的中国梦中是不能缺位的。由于赣南体育文化是一种集体文化，很容易培养参与者的集体意识和集体荣誉感，增强赣南人民的归属感和凝聚力，同时建立自信、自立、自强、自我奋斗的精神。

从经济角度来说，赣南体育文化的民俗性、娱乐性和观赏性使得赣南体育文化成为了赣南旅游中重要的文化内容和亮点，通过对赣南体育文化资源的开发，吸引更多的海内外游客，有助于旅游业的发展，以此带动赣南的经济发展。

综上所述，不管从体育文化中的竞技性、娱乐性，还是观赏性等角度分析，赣南体育文化的发展都对当地社会带来了极大的影响，这就是我们研究赣南体育文化的必要性及其意义。

撰写本书的两年时间里，从总体框架的构想到思路的确定，再到大量资料的收集、整理与归纳，最后到各章节的相关编写工作，花费了大量的精力。众所周知，体育社会、文化层面的研究是一个极其复杂，同时涉及面广泛的研究领域。赣南体育文化作为我国体育文化的一部分，内容丰富，特色鲜明，研究赣南体育文化有利于丰富和完善我国客家文化的内容以及增强人们对客家文化的了解，为发掘和保护我国传统文化起到至关重要的作用，将带动和促进整个客家文化的弘扬和传播。同时，赣南体育文化的独特形式，例如龙狮文化、武术文化、地域文化、茶文化、历史文化等，无疑从内容和形式上丰富了我国体育文化，在推动中华传统体育文化的发展中将起到积极的促进作用。

本书的框架设置、思路的展开、切入点的选择，许多都是来源于对体育人文、体育文化方面理解的继承。加上笔者在赣南高校从事工作多年，对赣南的人文气息、风土人情以及文化具有深厚的感情，才有了今天本书的最后定稿。

在撰写本书时，时常感到精力的有限和知识面的匮乏。在此，必须要感谢江西理工大学相关领导的大力支持。没有他们的支持，本书的撰写不可能在短短两年时间内完成，也不可能让撰写的每一个阶段都进行得如此顺利；在此，也必须要感谢尹秀娟、潘益良、缪文涛、陈福娇、符永新等人的努力付出！

当然，每一个作品都不可能十全十美。尽管如此，我们依旧本着“能够为我国民俗体育文化研究的发展添砖加瓦，为丰富我国体育文化内容、传播我国赣南客家文化尽自己绵薄之力”的初衷，不断克服撰写过程中的每一个障碍。因此，一并感谢所有帮助过我们、启发过我们的人。

愿本书能够给赣南体育文化研究带来一丝微光，愿本书能够给所有阅读它的人带来一点点启发！

作　者

2017 年 6 月